程兆熊作品集
001

臺灣山地紀行

程兆熊◎著

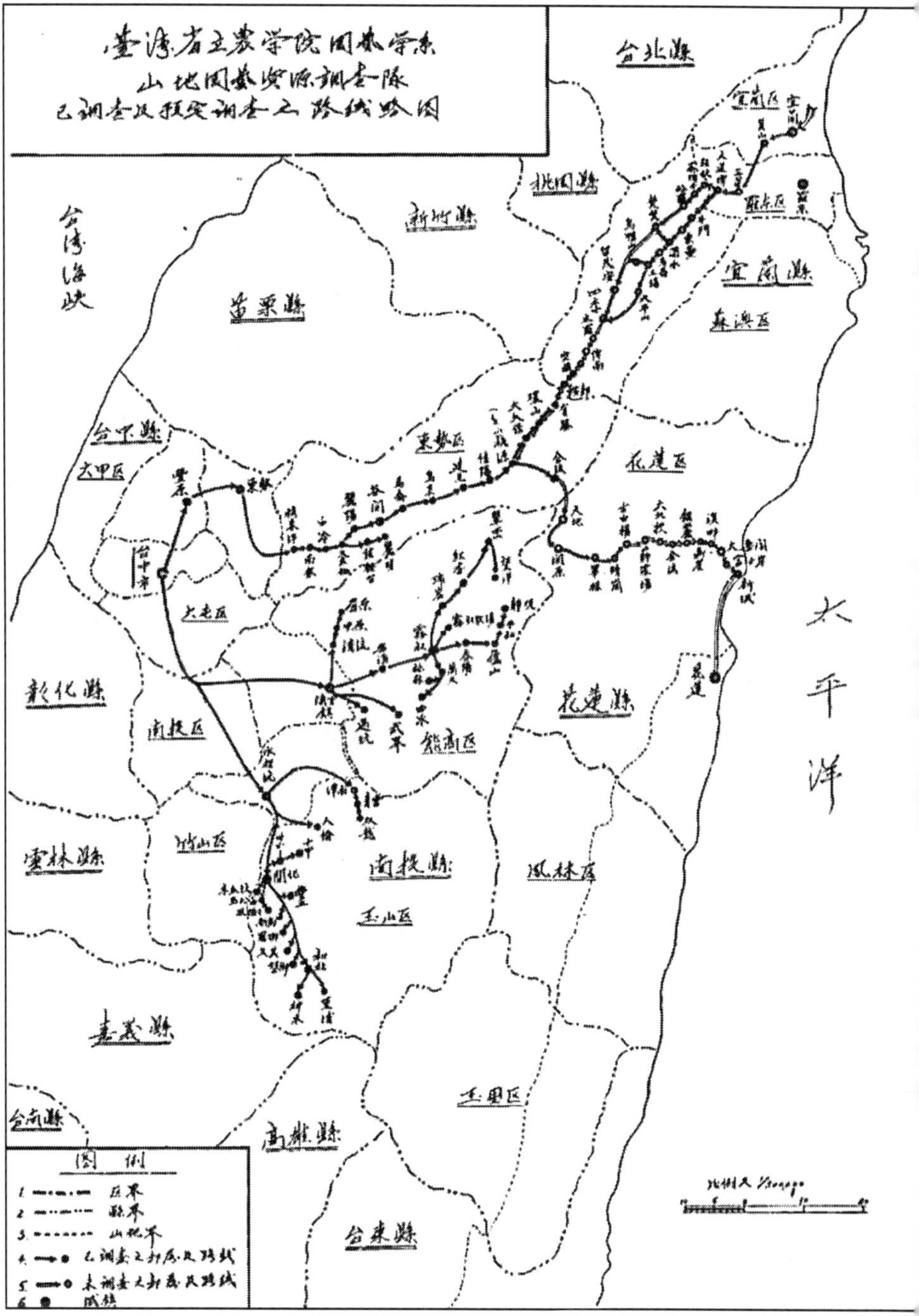

錄自 中國農村復興聯合委員會特刊第十六號 台灣省中部山地園藝資源調查報告

闢路開山

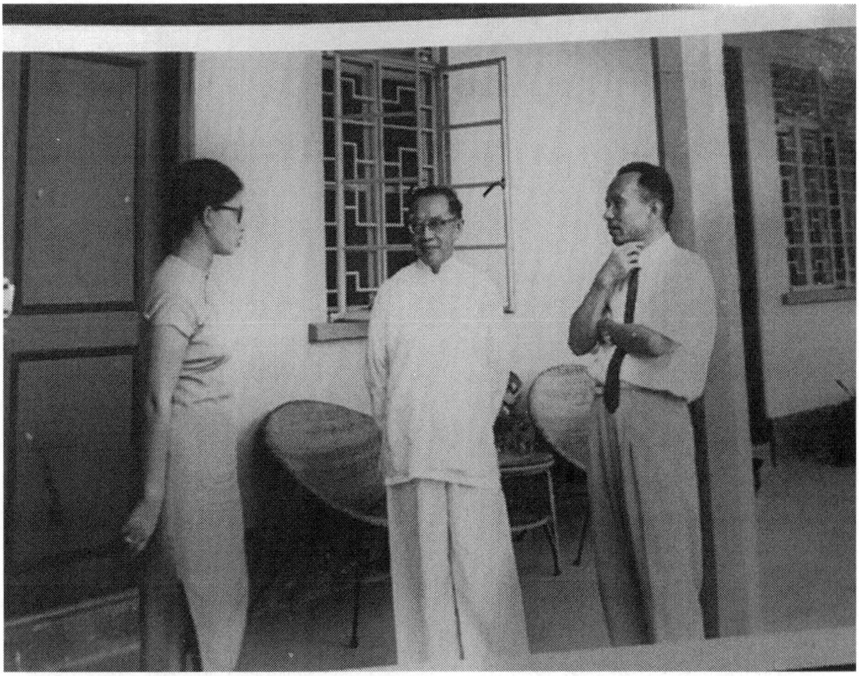

香港九龍沙田 錢邸 和錢穆夫婦閒話

香港時期 和唐君毅 謝幼偉於九龍沙田淨苑

程兆熊主持園藝系時.策劃山地園藝資源調查，入山前和山胞合影

程兆熊攝於台灣山地原始林巨樹下

程兆熊攜全家人從香港回到台灣，主持台中農學院園藝系，居台中忠義橫巷

前言

發現藏在臺灣山地裡的寶藏

環島旅行不只是生長在臺灣的每個人畢生想走上一趟的旅程，更是每一個外國旅者來臺旅遊的目標。這是可以依循呈東西橫向的臺灣三大橫貫公路：北橫、中橫與南橫公路的三橫，和中橫宜蘭支線、中橫霧社支線、新中橫公路與阿里山公路所串成的南北縱向路線的一豎輕鬆行進的。而攀登臺灣百岳更是登山健行者挑戰的目標，這是今時登山設備齊全及沿途有休息站且物資充足的娛樂行程。

回溯一九六〇年以前的臺灣山地狀況，若不帶著「入山求道」的思想情緒，除了工作及生活在那兒的人，估計一般人是想都沒有想過要進入這「有著溫帶和寒帶的氣候」的原始闊葉深林，正如程兆熊先生言，「高山之上，危巖之間，稍一慌張，就要跌下」。

惟程兆熊先生想證明臺灣是可以種植蘋果等落葉果樹，以駁斥當時農復會一些持反對意見的委員們，當然，這個起心動念起源於對應台灣當時經濟發展的農業政策。其時農復會主委沈宗瀚先生於一九六五年發表〈今後臺灣農業之新發展〉一文中，提到農業新發展之主要趨勢第一點即是「農業資源的開發」，以程兆熊先生的人脈背景與專業能量，農復會藉其長才是肯定的，相對於程兆熊先生對國家社會總期能貢獻一己之力之心思，從當年中日戰爭曾不顧博士學位取得與否，急欲趕回國加入抗敵可見一斑，此時不畏山險與豪雨天候的艱難，在農復會技正陸之琳先生的支持下，帶領臺中農學院（中興大學）師生連續三年寒暑假入臺灣山地園藝資源調研。

在程兆熊先生《山地書》中給唐君毅先生的書信裡如此寫著：「臺灣是屬於亞熱帶，而台灣的高山地區，卻有著溫帶和寒帶的氣候。在亞熱帶地區種植著溫帶和寒帶的園藝作物，這是臺灣的創舉，這也是世界園藝史上的創舉。」

臺灣蘋果之父

臺灣山地資源調查第一年從台中和平鄉開始，出谷關去青山、佳陽、桃源（今梨山，福壽山農場原是桃源的鴛鴦池）、環山、鞍部等處；第二年目標是信義鄉，經草屯、中興新村和埔里，上霧社，再兵分兩路去麻里巴和廬山；第三年就翻越中央山脈到大北投，太魯閣及至花蓮一帶，隨後又調查南澳大同等山地鄉，總共持續調查了五年，完成臺灣省中部山地園藝資源、臺灣省宜蘭山地園藝資源、臺灣省花蓮秀林鄉山地園藝資源等三份調查報告，這幾份報告直接開啓了臺灣山地種植蘋果、梨和水蜜桃等優質落葉果樹以及高冷蔬菜之扉頁，不僅考慮了臺灣山地的水土保持，關注整體的生態環境，改善了山地居民的生活條件，更促進了臺灣對外農業貿易的經濟發展。

「在高山地區辦果園，因爲是無人地帶，所以第一件事是築路，第二件事是蓋房子，第三件事是開墾，第四件事是繁殖苗木」。從程兆熊先生《九十回憶》中了解到，當時程兆熊先生透過農復會的協助，由全世界引回六十多個品種的蘋果苗木，所有採購的苗木必須在十二天內定植，這是指從當地的地裡拔起苗木開始算起，從當地用汽車運到機場，再由飛機載運到松山機場，再用汽車運到霧社，更得以人工扛到程兆熊先生當時住在山上的茅草屋內，一直到把苗木定植到果園的土地中為止。這是一個與時間賽跑的過程，遑論又得在六十多個的品種中種植試驗，找到最適合臺灣山地種植的品種，並持續到大量成功種植，以至於現在住在臺灣的我們，能一年四季享受到高品質的水果和高冷蔬菜，程兆熊先生自是臺灣種植蘋果的濫觴，堪可擔「臺灣蘋果之父」之名。

為往聖繼絕學　為萬世開太平

程先生在臺灣山地園藝資源調查期間書寫成《臺灣山地日記》與《高山族中》、《山地書》、《臺灣山地紀行》等四本書。於一九六二年借調到香港中文大學任教，十四年後的一九七三年五月回臺後，立即再受農復會之邀視察梨山、福壽山、武陵、梅峰、清境一帶，更爬上東眼大山、阿里山，便又以行記及地景詩模式書寫成一本《高山行》。這幾書讀來，彷如隨程先生一同進入那原始闊葉林中，感受到那裡的荒涼與原始，被吸血蟲鑽進腳底，被樹叢割傷掌心，彷彿為了找水源一同遇見那可能是通輯犯的三人，又似乎一起遇到豪雨土石流被原住民同胞背著過河，當然也一起行走在雲中，坐臥在山裡，一起發出「乾坤誰眼碧？」一問。程師的文筆輕鬆易懂，兼之將其哲儒道禪等學養思想放諸文字中，令人吟哦再三，產生身歷其境的無窮樂趣。

華夏出版公司發心出版《程兆熊先生作品集》，緣起於兩年前南懷瑾文教基金會執行長來訊息找程先生的書，我亦因此機緣開始接觸程兆熊先生生平，每讀一些，就憾自己不是程師的門生，怨未能早認識拜訪程師。如今因決定以《臺灣山地紀行》與《高山族中》、《山地書》、《高山行》四書首先重刊發行，獲得文化部的數位化補助，更因此尋找到幾位程師的門生，有蕭振邦、高柏園、蘇子敬、李重志、溫金柯、曾議漢、蔡隆銘、辜琮瑜諸君，諸位先生皆在學術及企業界發光，一聽是恩師之事，全然欣然應允之，我由此深刻感知到，程師人格之如其著作《完人的生活與風姿》般春風化雨，也一如其一生所言、所實踐之「簡單化」。程兆熊先生堪稱一「爲往聖繼絕學，爲萬世開太平」的一代實踐思想教育家。在此感謝林于弘和須文蔚教授及伍元和先生的共襄盛舉，要特別謝謝中華出版基金會前董事長楊克齊先生的支持，及水木書苑蘇至弘先生的協助串連書店，感謝三民書局重南店、島呼冊店、雨樵懶人、籃城、羅布森、日光山、政大書局台南店、有河等書店的共同參與，更謝謝心動電台協助宣傳。

李惠君　二〇二二年一月二十九日

目次

1. 稍來坪之夜

慣於住在平地的人，到山地是不容易的。特別是在臺灣，所謂山地，乃是高山族所居之地。臺灣眞正的主人是高山族，他們最初到了臺灣，他們最初的祖先，說不定就是生長在臺灣。當閩南人來到臺灣時，他們向山地遷移了一步，當廣東一帶的客家人來到臺灣時，他們又向山地遷移了一步，他們一步一步地由平地遷移到高山，遂成所謂高山族，亦即我們目前所稱的山胞。他們居住在高山裏，是很難望到平地的。而住慣了平地的人們，要想爬到他們那裏，自然也是十分的艱苦。

去忍受著甚至克服著這由平地到山地的艱苦，第一要有好的身體，第二還更需要有好的心情，這好的心情就是「朝山拜廟」的心情，以前大陸上，無數的婦孺，可以上廬山，登峨嵋，朝南嶽，到羅浮，至黃山、天目、嵩山、華山等處，也都全靠著這一種「朝山拜廟」的心情，倒不一定是由於好的身體。只不過當他們朝山拜廟歸來之後，卻常常鍛練出好的身體。

什麼是朝山拜廟的心情呢？這在目前的知識分子是很隔膜的，而且還要加以嘲笑的。就因爲這一隔膜，這一嘲笑，便讓目前的知識分子只能慣住在平地，而無由上到山地，走到高處。而在臺灣，山地之高，幾乎三倍於泰山，因爲所謂「登泰山而小天下」之泰山，其高還只有一千公尺多一點，而這裏的山地，若以玉山來說，卻在三千公尺以上，其高幾乎可以等於廬山、峨嵋、羅浮、南嶽之總和。這使臺灣寶島，雖處於亞熱帶，但在山地卻儘有著溫帶和寒帶的氣溫，並儘有溫帶與寒帶的植物的分布。在暑期，臺灣的平地是火熱的，而山地卻十分清涼。知識分子不理解著一種朝山拜廟的心情，於是便長居住在熱火世界裏而不識清涼。從平地看山地，山地會在雲端。從山地看平地，平地會在深淵。若有慧眼，總可看出那雲端裏會有什麼？若有慧眼，總可看出那深淵裏會是什麼？當一個人眞知道雲端裏會有什麼時，他便會超越了。當一個人眞知道深淵裡會是什麼時，他便會放下了。朝山是一種超越，拜廟是一種放下。只要莫把朝山拜廟看呆了，你就可以理解著朝山拜廟的心情，從而加以轉化，加以受用。莊子說「參萬歲而一成純」，則朝靈山而拜聖廟，還不是一大受用麼？

四十四年八月二十五日，我由臺中出發，經東勢而入山地，夜宿稍來坪。

東勢是臺灣平地和山地之間的一個大鎮，也是一個關口，凡是要進入臺中縣的和平鄉的人們，都要在那裏辦入山證。和平鄉是山地鄉，差不多都是山胞居留地。有種種原因，需要辦入山證，才可進入山地鄉。這更使山地與平地的界限分明。由山地到平地可以隨便，而由平地到山地則更麻煩。對朝山的人說，這像是叩關，對拜廟的人說，這像是受洗。這是一個限制，這也是一個限定。讓人從一個境地進到另一個境地，像是叩關而入，又像是受洗而來，這是一個「限定」的奇妙作用，也是一個很好的宗教心理。

所謂稍來坪，就是在叢山峻嶺中，只那裏稍稍有點平地。因之，和平鄉的鄉公所就設在那裏，那一帶還有一點點的水田，住的村落也比較多。大甲溪經過那裏，流得很急，雖在夏天，水也冷得透骨。我們一行二十四人，在那裏，除了鄉公所，實在沒有地方可以住宿。入夜下著微雨，臥聞水聲，這對一個昨晚在平地揮著汗而此夜在山地卻蓋著棉被的人，自然更感覺到是進入了另一個境地。入睡之前，我匆匆地把我由平地帶來的一封信回覆著，那是一位還沒有和我晤面的老先生寫來的。他徘徊於儒釋之間，前來問道於我，我引王龍溪所說「聖學明，佛恩益有所證」的話回答他。我那時在稍來坪引用這句話，我很感覺到一種語言，一種心情，和一種境地的和合之趣。

我領著隊。我的隊員成分是五位女生，十位男生，另外還有兩位教授，一位講師，一位女助教，一位技術員，和兩位伙夫，一位嚮導。米和菜都要由平地帶去，飯也要自己燒，所以需要兩位伙夫。嚮導是僱用山地同胞，沒有他，我們寸步難行。我們大的小的男的女的都有，我們走起來七零八落，戴著箬笠，背著水壺，有的拿著手杖，步伐快慢差得很多，而打扮得也不同得很。我們一到了稍來坪，就開始調查山地園藝，這原是我們這一山地園藝資源調查隊的目的和使命，但在人看來，我們像是殘兵敗將，而在我想來，我們又像是唐僧取經。我們都各自擔心著這一次的山地之行，怕不免要經過著八十一難。我領著隊，我還要對學校和對學生的家長負著責任，假如有一位男生或女生遇了難，那就會是臺灣各報章上的頭號新聞，而我則是脫不了責任。唐僧取經，那可以一切捨離，而我則分明一切捨離不得。當我在稍來坪夜宿時，我想到很多的事情，又由很多事情裏想到責任，由責任裏想到生命，生命是多麼稀奇啊！我帶領著男男女女，一會兒工作，一會兒談笑，一會兒開會，一會兒行走。這一次的行走，究竟會有什麼樣的收穫呢？

由稍來坪之夜，又使我想起七、八年前的鵝湖之夜，十七、八年前的巴黎之夜，二十七、八年前的廬山大林寺之夜，以致三十七、八年前的我的故鄉三板橋之夜。一會兒家鄉，一會兒異國，一會兒人世之外，又一會兒山川草木之間。離開了父母之鄉，已是情不自持。離開了父母之邦，更是情不自持，由此而益感覺到人世之外，是如何的淒涼，由此而益益感覺到山川草木之間，是異樣的情景。當我第一次離開了父母之鄉時，我是十歲。由此再過了十幾年，我又離開了父母之邦。而當我重回到父母之邦時，國都已是失陷，再重回到父母之鄉時，祖屋更是被焚。國都失陷了，祖屋被焚了，剩下來的自然是喪亂，自然是流離。由此更經過了長沙之夜，武昌之夜，洞庭湖濱之夜，嘉陵江上之夜，以及重慶歌樂山之夜，昆明大觀樓之夜，終於到了一連串的香江之夜和寶島之夜，當夜幕低垂時，我總設想著天門會一旦開啓，白鴿會一旦飛來。今夜是稍來坪之夜。我白天叩關而入，我入夜捲被而眠。我像是受了洗，我眞是上了山，這山地之最初一夜，就是我親自體認的稍來坪之夜，我不忍入睡，但終於慢慢入睡了。

一覺醒來，我看到我的學生們都整頓了自己的行李，並且都在澗水之旁洗著臉。由平地到山地來，每一人都需得帶著被蓋，卻無須帶著臉盆。只要有一條毛巾，山泉是到處流著的。古人有濯足萬里流之樂，而今人卻很少能領略著臉盆洗臉之苦。當我看見大家都去到澗邊時，我自然也手攜一條毛巾到澗邊去。

稍來坪兩邊都是山，一山在大甲溪之左，一山在大甲溪之右，我們住的地方，從平地到山地的方向來說，則是在大甲溪之左。山頂上都種了香蕉，居住在那裏的人們，大都是以香蕉為業。我們吃了早飯以後，又各自帶了一個便當（飯盒子），出發調查，便當裏帶了我們的午膳，我們調查到中午時，就在一個香蕉之家裏吃便當。我們曾經穿過了一個樹林，到達了一個蕉林。可是有時當我們穿過了一個香蕉之林時，我們又會到達了一個竹林，或是另一個樹林。山是高高的，谷是深深的，澗水潺潺地流，我們大都是旁著澗水走。我們吃了便當以後，又跑到南勢村，我們在那裏看到了一株板栗樹，我們快樂得不得了，因為板栗樹是不屬於亞熱帶的落葉果樹，所以我們也似乎進入了不屬於亞熱帶的區域了。我們還看了一個新近在那裏設立的苗圃，苗圃裏是梨苗，目前大家似乎都知道從那裏一直進去，很可以種植著梨樹。

我們中間有的測海拔高度，有的量溫度，有的檢驗土壤酸度，有的照相，有的訪問，又有的採集。關於採集工作，則又分特用和食用作物以及果樹、蔬菜、花卉等。還有從事一般調查的。路上行走，特別設了一個總指揮，由我指定一位教授擔任，又設了一個隊長，由同學自己選定一同學擔任，此外還選出了管理各色事務的同學，如管伙食，管交通，管會計，管醫護等等。有兩位女同學管伙食，還幫忙著兩個伙夫燒著菜。我們各事都進行很好，所以我們好容易就在山地度過了第一晚，又度過了第一天。在這一天裏所接觸到的山地最大人物是陳鄉長，他是山胞的傑出者，國語也說得不錯，他穿著西服，但一看到他深陷的兩眼，和頗爲高起的鼻子，就可以辨別他是山胞。山胞們看著他自然會更覺得他是一位了不起的人物。但他已是平地化了。

重回到稍來坪住宿的地點已是黃昏時候，晚飯後開工作檢討會，隨後整理標本和紀錄，不久大家便又在那稍來坪入睡了。在稍來坪入睡眞快，而且大家都是不擇地而眠，男生們在鄉公所的會議廳打地鋪，女生們在一位女工房間裏擠著睡。而我和幾位先生則捲臥在一位職員房間的角落裏。到稍來坪的第二晚，更像是到了天涯地角，而益益懷念著家鄉山水，因爲在白天裏我看到了些植物，在我的故鄉，都是生長得很好的。

2. 谷關的滯留

經由天冷、白冷、裏冷、久良栖、哈崙臺、十文溪等地而至谷關。天冷、久良栖和谷關是在大甲溪的右岸。白冷、裏冷、哈崙臺和十文溪是在大甲溪的左岸。我們沿大甲溪逆流而上，有時由左岸過吊橋到右岸，有時又由右岸過吊橋到左岸。下午在大雨淋漓中到了谷關，又從谷關過了一個很長的吊橋，到了谷關溫泉。那裡有一座警察招待所，我們就住宿在那裏，因爲只有那裏可以給我們住下來。

自稍來坪至谷關，所經過之地，大都叫做什麼冷。如天冷，那是天天都冷；如白冷，那是白天也冷；如裏冷，那是裏面很冷。我們只要一看到這些冷的字眼，就可以推知那是怎樣的山地了。人居亞熱帶的海島上，一兩天以前還是在酷暑中，到今天卻滿眼是冷，這在感覺上所引起的突變，實遠過於氣候上所引起的突變。再加久良栖、哈崙臺一類的古怪的名字，更給人以異樣的情懷。

天冷有一座大發電廠，名字叫做天輪發電廠。把天冷改作天輪，對發電廠而言，自然更恰當。我們在稍來坪至天冷的途中，調查了一些果樹蔬菜和花卉以後，還未到天輪發電廠的傳達室，就遇到了傾盆大雨。那已是正午時候了。大家的衣服都淋濕了，雨也越來越大了，只好大家都躲在那傳達室。好得傳達室還不小。外面還有一個小走廊，有的藏身在室內，有的避雨在走廊，總算是勉強容納得下。只不過大雨是繼續的下，沒有停的跡象，全不像家鄉的山雨，一會兒是風雨滿樓，一會兒就雨過了，更接著就晴起來。我們避雨多時，肚餓了，只好大家就在那傳達室內外吃著便當。當大家吃完了便當以後，更是在那裏無所事事了。本來大家想利用時間，去參觀那一大發電廠，但是因爲事先沒有接洽，不能辦到。後來我和黃教授親自去見那發電廠的廠長，我們深深了解廠長的苦衷。同時他也十分的客氣，特別請一技術人員引導我和黃教授兩個人去看那廠內的發電設備，那全都是新式的，管理甚爲簡單。

目前的世界，各種的機械是愈來愈龐大，但也愈來愈簡單化了。這機械的簡單化，實指出了人類的新的途程，加以水力發電，以致原子能的應用於機器的生產，則更指出了人類的新進程。我看到那發電廠裏的人員，都頗安祥而自在，但那裏所發生出的力量，卻是十分強大。這使我想及蘇俄集團之群眾運動，叫囂政府，以至人海戰術，其實都只能嚇退一些愚人。這世界自智者看來，只要扭一扭電扭，就將會扭轉過來。然自仁者觀之，扭轉世界，那算得什麼？必須扭一扭電扭，再扭一扭心扭，那才能扭轉乾坤呀！隨後他們又帶我們到廠外面一座露天高處看變壓設施，那時雨更大起來，雨衣沒有用，他們借給我的雨傘也沒有用，我的衣履全濕。而在傳達室久久等候著我們的人們，也要我們去給他們一個消息了。隨後我給他們帶去的消息，雖不是給他們參觀發電廠，但卻是那廠方幫忙我們運行李。大家獲得這個消息以後，等雨稍微下得小一點，就離開了那一傳達室向裏冷、白冷而行。那傳達室有兩位警員因爲和我們搞熟悉了，所以我們臨走時，還要我們再去他們的傳達室裏去玩。

那發電廠的傳達室到發電廠有一距離，是單獨的存在著的，那是建在路旁。對面是發電廠的招待所，要過一座很長的吊橋，再走一陣路，才能到達。我們原是先到那招待所的，那時天氣還好，沒有下雨。我們都貪看那吊橋上的風光，更盡情領略著那招待所四周的風景，結果碰到了雨。幸好我們離開了招待所，再過吊橋以後，就到了那傳達室。我們所以不折回招待所，那是因爲下大雨時，我們已過了吊橋了。吊橋橫吊在大甲溪上，橋下很深，溪水流過橋下，望去確令人目眩心驚。我們中間有些人幾乎不敢過橋，但也終於小心翼翼，手扶鐵線而過去了。在橋中間，向大甲溪上流望去，可以看見那發電廠的全部雄姿，而向大甲溪的下流望去，則是溪流一瀉千里，浩浩蕩蕩，水花飛濺於兩山間。我在橋中間，因為吊橋的十分動盪，也有點心驚。但一念平生學道何至於此，便又坦然，而當細細領略了這橋上下左右的景色時，心更怡然了。

發電廠的招待所是矗立在大甲溪的曲折處，水在那裏轉了一個彎。通常溪水轉彎處，常常是迴還自在，匯為深潭，水清見底，游魚上下，垂釣之人，坐在那裏，總不免要忘記了回家去。只不過這一大甲溪，卻非同小可。她奔騰而來，激盪而去，其勢之盛，可以駭人，好得轉彎處是一座巨崖，又建築了一個水泥的工程，以洩水勢，所以一個招待所還盡可安然置於其上，而不致動搖。招待所面對著大甲溪的上流，下去有一級一級的石級，上去又有一級一級的石級。招待所實居於高高的山巔與深深的谷底之間。招待所前面也有一點點空地，空地上有一列做著綠籬的木槿花，又有不少散生著的長春花，都在那時候盛開著。

我起初由招待所拾級而下，下了很久，但仍只能在那一座巨崖之間。愈近水面，則愈感覺到一種排山倒海之勢，洶湧在面前，奔騰而來，奔騰而去。那裏會像個龍門，但誰也不會想到要在那裏垂釣了。水聲震耳，久了已有點不舒服，於是我又拾級而上，上到了招待所，休息了一會。看看長春花，又看看木槿，卻無意中又因聞香之故，而又發現了一株正在開著的巖桂。隨又拾級而上，回頭看大甲溪，溪流愈來愈遠，愈遠愈長。天輪發電廠看來也愈覺其高踞在大甲溪之旁，愈來愈有姿態，全不似平地一般的工廠，看來不是火熱，就是乾枯。再拾級而上，上到一排鐵欄杆處，那裏有一個鐵門，門外是八仙山。

林場運木材的小火車來往的鐵軌，還是在半山腰。於是我和一部分人不再回到招待所，就在那山腰間，沿著小鐵軌穿過樹林，一面採集，一面遊觀，繞道而過吊橋，會合了從招待所回到原路的一部分人，就在那時候，雨來了。渡過吊橋以後，雨大了。再回頭看看那一半山腰，則小鐵軌深藏在樹林中，而大樹林又隱約在雲霧裏。只因爲雨大了，所謂回頭看看，也不過是回頭一瞥而已。大家急急地避著雨，所以便一下子到了傳達室。而那招待所雖是風景絕佳，雖然是房子很大，但除了一位女工在那裏看守以外，卻空無一人居住著。我們擁擠在傳達室裏，擠成一堆，我們很想能夠在那招待所住上一晚，聽聽那裏的水聲和風雨聲，只不過我們已預定住在谷關了。

我們大部分向白冷、裏冷徒步而行，不顧那時候還是繼續下著雨。只不過我和一位男生、兩位女生，因爲衣服濕了，身體發冷，便在路旁一家小店鋪裏停下來，那眞是一家山野裏的小店鋪，很有點像舊小說裏所常常提到的什麼黑店。那裏所賣的東西十分零碎，但是有酒，有花生米，也有皮蛋，而且還有箬笠。我們進裏面分開在兩條木凳上坐下來，一位女老闆，年紀還很輕，出來招呼我們。我們因爲身上腳下都發冷，便首先買了一瓶酒來喝，接著還買了些花生米和皮蛋來佐酒。一面吃著，一面談起水滸傳。我們把女老闆看作孫二娘，大家都擔心頭昏昏，酒性發作，被抬到什麼地方去。這時在山村野店內眞不知是身居何世？我把兩隻濕襪子脫下來，被當作是兩隻鹹魚。我趁便又買了一個箬笠戴起來。我的體溫因喝了一點酒，也熱起來。

這時我方眞正了然於水滸傳之有禪味，菜園子張清夫婦竟那麼樣的結識了武松和魯智深，而武松和魯智深也就那麼樣的得救了。什麼都像是沒有來由，但到頭來，又都是有去向。在那一批越是驚天動地的人物中，越可以從他們的身上，感覺到寂天寞地來。熱鬧儘管熱鬧，凄涼卻畢竟凄涼。當日他們是橫行在水之滸，今日我們卻滯居在山之崖。這其間會有怎樣的一個空間的距離和怎樣一個時間的間隔？突然一輛車子掠過，我看到我們的行李，又看到我兩個學生押著行李。於是我上了車，揮手別了野店。但一位男生和兩位女生還仍然是留在那山村野店裏，因爲車子小，他們上不來，而我一人卻先走了。

車子經過著白冷，我又看到我一批同伴們冒雨在路上行走，七零八落，但卻一齊地揮著手，彼此大大的招呼了一番。

雨總是不停，我離開了白冷，到了裏冷，又經過了久良栖和哈崙臺，接著又過了一個很大的吊橋。那吊橋之旁，就是十文溪。由十文溪再沿大甲溪右岸行走，不一會兒便到了谷關。行李放在谷關車站，一位學生看守行李，另一位學生陪我去谷關溫泉。那裏的一個長長的吊橋，完全是為谷關溫泉而設，招待所也是為了谷關溫泉。在日據時代，那是被稱為明治溫泉，為的是明治大帝在那裏洗了澡。所以那麼稱呼它。現在這稱呼取消了，只稱之為谷關溫泉。溫泉是在大甲溪旁，從吊橋下面，用打水機打上來，再引到那招待所的浴室裏。那一邊沒有人居住，人家都居住在谷關這一邊。這谷關在和平鄉是一勝地，又是一熱鬧之區，因為那裏還有雜貨店和吃食館，又有台電公司的寄宿舍等等。山地同胞在這裏來往的也很多，這裏的酒，也都是賣給山胞喝。

我在大雨中到了谷關溫泉的招待所，那裏有布置得還不錯的庭院。在那庭院與吊橋之間。還有一個亭子。坐在亭子上可以看到吊橋的那一端，可以看到谷關車站，又可以看到吊橋下面的大甲溪。因為大雨，大甲溪的水一下子漲起來了，這使橋下的溫泉打水設備受了影響，以致溫泉打不起來。大甲溪水漲，其勢更加洶湧，水的顏色也變黃了。兩岸的崖石被水打著，兩岸的山被雨洗著，水是黃的，水花是白的，山色是青青的，加以水聲和雨聲，眞使那一谷關溫泉有聲有色。在谷關溫泉的吊橋上，看大甲溪從遠遠的山峽裏奔來腳下，又從腳下奔騰到遠遠的山峽裏去，也儘可讓一個人的生命與山川合拍。

當我一到了那招待所時，我便坐下來。脫下我濕透了的雨衣，丟下我的箬笠，解開了我的鞋帶。正在那時候，招待所的管理員出來了，他是一位六十多歲的老人，樣子並不是不慈祥，但見了我開口便說道：

「這裏不能住！」

「不能住？」我驚異地說。

「是的，因爲你們預先沒有來訂，現在已有三個機關訂下來了。」

「我的一批人，馬上要到，這麼大的雨，叫我們到哪裏去住？」

我說完了這話，鞋子已經脫了，赤著兩足，便走上去，這時我才知道我的襪子丟在那一山村野店裏，來不及穿上去。隨後一位女客人來了，她原是我們園藝系的一位講師，先兩日來此避暑，由於她的勸說，那老人才答應讓我們住下來，並且又客氣起來了。但也只能答應拿出兩間房子，給我們二十四個人一同住。因爲女生可以和那女講師同住，所以問題終於解決，於是我便在廊前一把籐椅上坐下來，抬頭看見面前一叢花，我一時看不分明，以爲是石榴，後來我看清楚了，才知道是杜鵑。我想不到這時候山地竟會有杜鵑盛開著。以後我們其他一部分人都陸續地到了。他們的衣服比我更爲濕透，學生們還順便把放置谷關車站的行李帶了一點來，於是他們第一件事便是換衣服。當他們坐下來休息時，我又問他們是否知道那面前的一叢花？他們也都道是石榴，想不到是杜鵑。雨下得很大，加之天色又快近黃昏，所以大家都看不清楚，但更重要的原因是：都不知山地這時候，竟會是杜鵑花開時節。

臨睡前，我們知道那老人拒絕我們住宿，第一是因爲看見我們十分狼狽，怕我們拿不出房錢，第二是當我們在東勢時，他曾碰到我一位學生，彼此發生了一點誤會，而此老人則是一位極富於自尊心的囉唆人。他在我們睡前，還誇說他以前是如何如何，現在給他指揮的還有全招待所的用人。可是他卻自己燒飯，孑然一身，老得可憐。等到這位老人走了，一位學生又走來，說是給我帶回了兩條鹹魚，那就是我遺失在那山村野店裏的一雙襪子。那一野店被我們暫時作成了酒家，這時想來，餘味猶存。我想假如老人不給我們住，我們就只有再找個那樣的人家去通宵飲酒了。這正是：

「襪子鹹魚都一樣，杜鵑翻作石榴花；老人如果不留客，只有山家當酒家。」

3. 新山的去來

一天一夜的大雨，改變了我們原定的路程。本來是預定今天就去佳陽的，而且一切都準備好了。還是由谷關溫泉出發到谷關車站，上了車。那是電力公司電源事務所的工程車。車上載了不少的修路工人，又載了不少的山地同胞，我的學生們擠在裏面。正要開車時，我趕來要他們下車，我根據我得來的消息與我向一軍部交涉的結果，感覺得前面的路已壞，趕不到佳陽，而中途又無法住宿，不如等路搶修好了，再乘軍部借用的車子到烏來，便可當日到達住宿地。我不能讓男男女女住宿在曠野裏或是山谷中，所以我堅決要他們下車，暫時改變了調整的日程。於是我們大家又回頭由谷關到久良栖，再由久良栖乘八仙山林場的木材車到佳保臺。

木材車在半山腰穿過一個樹林，又穿過一過樹林，慢慢的左旋右轉，上到一個高山上。那裏又有深谷，也有澗水。車停處更眼見前面是高山，後面是高山，左面是高山，右面還是高山。山中間有一工場，那是八仙山林場的製材場。山中間有些屋宇，那是八仙山林場分場的寄宿舍。我們下了木材車，沿著石級一步一步的上到更高處去，那是一個招待所，一個國民學校和一些人家。招待所是供八仙山林場有關係的人員住宿的，國民學校則完全是爲八仙山林場的員工子弟而設，那些人家則是靠森林而生活的人家。這樣一個地方，就被合稱爲佳保臺。這是高山上的一個平台，四周的風光，秀麗得很。那時天也放晴了，一派陽光從樹林裏透出來。那裡還有一個警察派出所，被稱爲麗陽派出所，據說佳保臺一帶又被稱爲麗陽，在那一帶的陽光，也眞是綺麗得很。

我們也算是八仙山林場的佳客，因此就被頗爲慇勤的招待在那招待所裏休息了。我們帶來的便當，也就在那招待所裏吃著。我們在那裏，大家又談起谷關老人的事，都說是在谷關溫泉招待所花了錢，還要忍受著那老人的一番囉唆，頗不合算。我們大家決定下午調查了佳保臺，就在那佳保臺的招待所住下來，到明日再回到谷關去。

當晚大家果然住宿在佳保臺，只不過我和一位教授、一位講師、一位助教是住宿在一個更高更高的山頭上，那裏的海拔高度有兩千多公尺，我還是臨時在佳保臺國民學校一位教師那裏借來了一件厚的羊毛衫，才放心上到那裏去的。那裏的溫度遠較佳保臺爲冷，而佳保臺又遠較谷關爲涼，但谷關已是杜鵑花開時節，而遠非平地的赤日炎炎了。

我和三位先生因八仙山林場分場主任的特別好意，招待著乘坐他們的吊車，所以在傍晚的時候，由那招待所拾級而下，復經一山峽，走到一個澗水邊，那裏是吊車站。吊車是一個大的木箱直立著，像一乘舊式的轎，但只可給人在裏面站著，不能坐下。像裝沙丁魚罐頭似的，裏面最多只能站十二個人。大家擠得透不過氣時，只見車門一關，即橫被吊起，一會兒就被吊在兩個山峰中間高懸著的鐵線上。從車窗望下去，深谷中大樹成了小樹，小樹成了小草，佳保臺在腳下，低得很。像是坐飛機，但吊在空中的感覺，全不像是坐飛機。看看兩山間變成異樣，看看深谷中成了奇景，老樹枝條有的成了銀色，有的掛著黃黃的寄生植物在空中飄蕩。

一會兒車便被吊到另一個山頭上。這山頭上有山百合花散生在那裏叢生的雜草裏，還有其他的奇異的花。山風特別大，更有雲霧飛來。我們急急地下了車，更冒風疾走，穿過雲霧，走到另一個吊車站，又上了一個吊車，而且更爲擁擠的被吊起來，一直吊升到另一個山頭。回頭望望我們所從來的山頭，那又是低得很，看不清。而所謂佳保臺，更是所謂雲深不知處了。這另一山頭和山頭間的風物，更是情景懸殊。谷更深了，雲更厚了，迎面吹來的風也更大更冷了。我們下了另一個吊車，出了另一個吊車站，走了一會兒，身上有點冷得發抖。箬笠拿在手上不敢戴，不管那裏的山頭已是下著雨。而風吹草動處，山百合花更多更美。老樹的枝條，顏色更白，寄生植物也舞動得更爲輕盈。不知名的花，這時也無暇一一細問細察。我們急急進入了山頭上的另一個招待所，那是叫做新山招待所，也是八仙山林場特別用來招待有關人員的。這另一個山頭，就叫做新山。

新山山頭一塊平地，據說是以前日本人炸平的，在這一塊平地上，有一招待所，還有一間國民學校，中間一些空地，更長了不少的射干菖蒲還有其他的草花。此外又有幾株很好的桃樹，也種了些蘿蔔。由這新山山頭進去，有一二十公里，據說是一個伐木場，木頭在那一帶被砍下來，弄成一段一段，由木材車在小鐵軌上運來新山，再在新山山頭經由兩山間高懸著的鐵線，像吊車似的把這木頭吊到下面一個山頭，又從下面一個山頭，再用鐵線吊到再下面一個山頭，那就是佳保臺的吊車站，由那吊車站把木頭一列一列地放入木材車，便又在另一個小鐵軌上推到佳保臺的製材場。木材就這樣由一個山頭吊到另一個山頭，直下到佳保臺，又下到平地。當由佳保臺下到平地時，要經過久良栖，木材車在小鐵軌上自山上到山下，那眞是像一條龍，疾馳而來，蜿蜒而至。

我們在新山招待所住下了，晚上更是寒冷，我把借來的羊毛衫穿上，又把橡膠衣穿上，還是身上有點冷。吃了飯以後，身上熱了一點，坐了一會。望一望窗子外面，雨下得更大了，窗縫裏的寒風吹來，我突然發抖，我便攢進一床很厚的棉被裏睡覺了。

我們在那裏睡了一晚，第二天本來還想去那裏的伐木場；只是吊車馬上就要下到佳保臺，不能等我們，而我們又約定了住在佳保臺的大部分人們一同去久良栖，所以只好作罷。吃了早飯，我們就趕上吊車。吊車先是由佳保臺吊上來，上來後馬上就吊下去。當我們到了新山吊車站時，吊車上忽然下來了我的四位學生，有男有女。他們全都是臨時設法攢入吊車，被吊上來的。大家見面時，彼此叫了一聲，隨後我和三位先生又被吊下去了。我們又是從一個山頭，被吊到另一個山頭，更從另一個山頭，被吊到佳保臺。吊下來的時候比吊上去的時候舒服一點，也快得多。只是因爲氣壓與氣溫的突然變化，兩耳隆隆然作響，回頭更望不見新山了。

這時我們繫念著被吊上去的四位學生。這四位學生中，像是有兩位曾經在昨晚我們由佳保臺上新山吊車時，揮手送我們的行。他們送行是站在佳保臺吊車站對面的一座山頂上，那裏還有一排欄杆，欄杆後是一個學校。由那裏望到吊車站，居高臨下，望得還清楚，只是我們從下望上去，因爲太高了，所以很是模糊。我們在佳保臺就這樣一會兒高高山頂立，一會兒深深谷底行，對山頂送行的人說，我們是在谷底。但對佳保臺吊車站旁的一個眞正的谷底來說，我們又是在山頭。我們在佳保臺吊車站下了車，穿山峽，過樹林，再一步一步的登上石級，轉輾到了佳保臺的招待所。大家見了我們回來了，爭相問訊。對那今晨被吊上新山的四位同學，大家又埋怨，又擔心。埋怨的是他們耽誤了我們的行程，擔心的是他們要到傍晚才能坐原來的吊車到佳保臺。大家談論了一會，我又帶他們調查佳保臺。我們由那招待所，拾級而上，走了很久，才到那一個國民學校。國民學校的運動場的一角有一個欄杆，我跑到那欄杆邊，我方纔知道那就是兩位學生給我們揮手送行，送我們走入吊車，跑上新山的地點。

由新山到佳保臺，是從雲中吊下來。由佳保臺到久良栖是從林中滑出去。我們調查佳保臺完畢了以後，就告別了八仙山林場分場裏的人們到木材車站，循著小鐵軌而穿出樹林滑下去。左傍山崖，而旋轉不息，右看深谷和谷底裏的一股急流，那便是大甲溪。到新山去的四位學生，我們無法等待他們，就只好留言，叫他們在谷關集合了。

在佳保臺到久良栖的木材車上，我們還看見那十文溪的吊橋，又看見一些大甲溪旁的村落。我們不斷的轉折而下，大甲溪則不斷的左轉右折。在樹林中我們又遇見杜鵑花發在斷崖下，我們更碰到秋海棠開。這裏的秋海棠的鮮艷，實令人有許多懷想；家園之思，古都之念，都一時湧上心頭。較之杜鵑花，似乎更透引出了一派心血。要是我能長留在新山頂，我將會朝夕在雲中行。我如今一下穿出白雲，又穿過綠樹下來了，杜鵑花發，秋海棠開，若不關懷，又待關懷什麼呢？無端的愁思，牽纏著我，山地之行，在我實是多年來就想拈來的一種「開脫」。我在平地，俯伏案頭，日以繼夜，不斷的把一枝禿筆劃來劃去，總想寫出我一些心志，只不過遙遙此心，慇慇此志，竟越來越不得放下，不得開脫。今日我一會兒雲端，一會兒樹梢，一會兒山崖，一會兒水滸，木材車沿小鐵軌滑下來，我的心也似乎一樣地沿小鐵軌滑下來了。吊下來滑下來會都像是一種開脫，心情的放下不易，心情的眞正開脫尤難，其實這哪裏談得上開脫呢？

又來到了久良栖。

我們先在久良栖木材車站休息了一會，又到久良栖國民學校停了一會。就近我們調查了一番。我們調查了那裏的一片新栽的水梨地，我們又調查了那裏居住著的高山族。這一高山部落算是最爲接近平地的，他們很多人都能說國語。我們走到一家人家裏，一位老婆婆，正吃著飯，她看到我們就說道：「沒有菜。」她一下子使我想起了我在巴黎鄉間所常來往的一位法國老太婆。她面部的輪廓，很像拉丁人，眼睛深而亮，鼻子隆起和顴骨相稱，皮膚也相當白，她身旁立著兩個女孩，據說是已經在國民學校畢業了，長得也極富於輪廓美，身體健壯而態度活潑。我們和她們談笑了一會，隨後那老婆婆又說道她有一個女兒已嫁給離此不遠的一家人，這原是我們初進此村落時所看見的人家。這人家正在拆房子，像是失火。後來人家告訴我們，並非失火，而是要把整個房子搬移到另一個地方去。山胞拆房子，連木板上的釘子都一個一個的拔下來。當時我正看到一位四、五十歲的男人，坐在拆剩下的一個房子門前拔釘子。而在那房子裏面坐著的卻是一位年輕的婦人，手抱著一個還在餵乳的孩子。據說那男人是這位女子的伯父，在那一拆毀了的屋子中，我那時就只看見他們三個人。房間裏還燒著火。當我們向那房間裏看去的時候，那女山胞抱著孩子微笑著，一會兒頭又低下去，竟像是重有憂者。以後我們知道她的丈夫是到遠方去了。她面部的輪廓，很有點像她的母親，只是面部比較長，眼睛更顯得大，配上那長長的睫毛和面上頗為靈利的表情，加以潔白而整齊的牙齒，竟使人一下子想起了一些常常出現於法國銀幕上的麗人，而這裏更別有風姿。

常聞山歌道：「山中有好水，平地有好花」。眞想不到這兒更有麗人家。這山地姑娘的美，確令我深深回憶著十八年前巴黎最熱鬧的街頭，那裏的少女多姿，少婦也是一樣，她們常讓行人駐足而觀，又一會兒溜去了。只是撇下來的倩影，總令人難忘，年代久了，自然倩影也會模糊，但現代的銀幕，也常會助人記憶，而眼前這一位久良栖的少婦，則更使人舊夢重溫。我和我的太太，結婚不久，就去到巴黎，那時候，我們夫婦的情調完全適合於巴黎，所以便都愛上了巴黎的街頭，更都愛上了巴黎街頭的咖啡座，我們坐在那裏喝咖啡，一面觀街景，在那街景裏，會有景中人，也會有人中景。一些巴黎的豪華是人中景，一些巴黎的少婦和少女是景中人，只不過沒有景中景。

此次山地之行，我看到山中山。到新山，我就看到景中景。而到這久良栖，眼前又見到景中人。說到人中景，則那裏是巴黎的豪華，這裏是門戶的破落。對我的心情說，那時適合於巴黎，這時卻適合於山地。這眼前的山地姑娘，使我想起域外，更使我憶及家園。我的家曾數度被毀，第一次匪亂時，有人點火燒我家的屋，我的母親哀求道：「鳥也有個巢」！但全無效。第二次抗戰時，因敵寇之來，全村燒了大半，而我家只剩下半間房，遠不及這山地姑娘眼前所居的屋。第三次又是匪亂時，我家一再重建的屋宇，更整個被人家拿去了，我的父親不久逝世，我的姊姊也不久逝世，我的老母則被迫遷住於一間古老的破屋裏，那是我們祖先收藏稻穀的地方。

我母今已七十四歲了，她吃了差不多四十年的長素，她一心向佛，口口聲聲唸著觀世音。目前的世界，所謂人中景，那眞是大大的兩極化了：北極和南極，獸性和神性，一面是深淵，一面是峻嶺，落下的不斷的落下來，飛升的儘量的飛上去，極度的破裂，絕對的劃分。但在另一方面擺在世人面前的，又是眞僞莫分，惡不知其爲惡，善不知其爲善，醜不知其爲醜，美不知其爲美。就以這山地姑娘來說，有誰能眞正了解她的心，有誰能眞正了解她的美呢？

昨日我們由谷關，經久良栖到佳保臺，又上到新山，今天我們由新山下到佳保臺，又經久良栖到了谷關。等到我們回到谷關溫泉招待所時，那擅自上新山的四位男生和女生也由新山趕下來，而和我們相見了。大家大大的笑了一陣。

4. 佳陽的到達

我們都滿以爲從新山回到谷關以後，由谷關去佳陽的路，可以由電力公司電源事務所的工人們修好了，但等我們打聽清楚時，始知因爲昨夜的雨和今天下午的雨，無法搶修完畢，據說明天還需得趕修著。

大甲溪的水，愈來愈大，愈大愈濁，當晚又下著雨，於是當晚我們又開了會，討論去佳陽的問題，討論了許久。其實討論是空的，因爲由谷關去佳陽的情形，誰都不知道，而且因爲天雨山崩，路途情況，變化又是很大。冒險走著或是不去冒險行走，誰也很難一言而決。坐在谷關，進退維谷的等著，不是辦法，因爲我們調查的使命必須完成，而調查的日程又不能耽擱，雨下到什麼日期止，無人能知。但過於冒險，萬一出了事變，這責任又復太大，而且對人也說不過去。我們也曾經四處探問，連警察派出所的人員也勸我們不可冒險而行。那裏的懸崖絕壁，深谷萬丈，只一失足，就要碎骨粉身，路有的地方窄得很，只有一尺寬，要摸著山崖走，走的時候，最好是用一條長繩子，兩邊拉著，讓走的人萬一失足，可以抓住繩子，不致失墜。這麼一晚，使我對女同學尤其擔心，當有些人主張冒險走時，我便制止他們了。

冒險犯難，是自己的事，不是要求他人的事，是個人的事，不是要求團體的事，這使我很想再把調查路線大大的改變一番，必要時先去調查另一鄉，然後再去佳陽。只不過路線改變太大了，也有很多的困難，而學生們主張走的還是繼續的主張著。最後我便決定先由幾個好漢打前鋒，走走看，約定明早一早走，如當日不折回，就表示路已走通，我們次日便全體前進了。否則，就去大大改變著路線。打前鋒的人自動報名，數目限定五個。就這樣由我定下了五個先鋒以解決著一番爭論，而當晚依然是下著雨，我眞憂心如焚。

一早五個先鋒向我告別了，我再三告誡他們，只要你們感覺到有八分難、八分險，那就是十分難、十分險，你們就要立刻折回來，不可繼續走，一切要打個八折。因爲你們要是勉強過去，那不算什麼，總要想到後來的。我倒是希望你們折回來。

五個先鋒走到對面的谷關車站，過了差不多一小時打電話來告訴我，說是有不少佳陽一帶的男女山胞同行著，爲了聯繫，還特別在車站請他們吃了一頓飯。我又回他們說：山胞走得，你們不一定走得；你們走得，他人不一定走得。總要問清楚再去，一勉強，就回來。他們又說電力公司的工程車今天不開了，我更立即回答道：「就不要走。」但他們隨後又走了。他們每個人都還背了一點簡單的行李。

先鋒走了，我們便準備明天一早的行程，我們自然還是作去佳陽的打算。我要黃、朱兩教授帶學生在谷關，十文溪和哈崙臺一帶調查，我自己又帶方君到另一個地方去托人僱工挑行李，並做其他的事。由谷關到佳陽，背一公斤行李要一塊錢，工錢是特別漲了價。我們有人戲說著：「如果能夠背人，則一元一公斤，我們去佳陽的問題，也就容易解決了。」

這一天，雨慢慢的不下了，但天仍未放晴，有時又下著小雨。晚上沒有雨，也沒有星，我們都想明天的天氣會好起來。五個先鋒沒有折回，我們又想：到佳陽的路是可以走了。我派人去向電力公司電源事務所交涉工程車，他們答應明天一早開，但只能開到八公里的地方，以後就需步行三十多公里。大家決心要走，大家也就早早入睡了。

有一位學生問我爲何不剃鬍鬚，不理髮？人在山地，對這些事總是不易記起的。這問題似乎也有人問過英國文豪蕭伯納，而他的回答則是：他所有的文章，都是靠不剃鬍鬚所節省下來的時間去寫成功的。果眞如此，則山地工作的完成，不也有待於留下鬍子麼？只不過我回答學生的話，卻僅僅是：到佳陽去剃。

原來一個軍部的人員答應可以借軍車送我們一節路，好讓我們走到佳陽去，但後來這件事沒有實行，我們最初都有點奇怪，隨後當我們將要出發時，有一位軍人送我們的行，非常懇切，他還幫我們其他許多忙，他對電力公司電源事務所的司機說我是老先生，要坐在司機旁，即是車頭那個好座位。這完全是因爲我留了鬍鬚的關係，當我坐定了，他說那司機開車的本領大，其他的人在那樣的山頭上，都不敢開，縱然敢開，人家也不敢坐。大學生們乘坐在車子上，就更令人不敢開車子，因爲一出了事，責任是太大了。這時我才恍然於軍車所以不願借給我們的緣故。

工程車又搭上不少的佳陽一帶的山胞和我們一同走。谷關上面有一個水閘，我們的工程車沿著山路，經過水閘，曲曲折折地行走著。有一處，路都塌了一部分，但司機依然把工程車開過去了。我們沒有倒下深谷中的大甲溪上流裏，我們都不斷地稱讚那位司機。山路在山腰，車子沿著大甲溪向相反的方向而行，越來越在高高處，而大甲溪則越來越低，溪床看來越小。終於山頂上塌下的石頭，阻止了車的行進，但我們跑下車來，一起把大大小小的石頭丟在深谷中，又向前進。車行不遠，又遇此同樣情形，我們還是逢山開山、逢路開路的前行。只是到了一斷崖之旁，約距谷關八公里處，工程車停下來，我們也只得下車步行了。我們一直到天黑了，才到達佳陽。

由谷關到佳陽的高山大谷間，一路之上曾經過兩個地點，一個是烏來，一個叫做達見。這兩個地方都設有警察派出所，但沒有一個人家。我們在那裏休息，都是由警員招待。我們在烏來吃便當，烏來的警員還爲我們備了熱茶水。天氣陰沉，有時還下著雨，到烏來時，雨下得更多。烏來派出所建築在一個山嶺上，我們初繞著那山嶺行，看不見所謂烏來，等我們爬上一個高高的土階，才看到那派出所。在那派出所的前後左右，眞是萬山環繞著。山路蜿蜒，分明走得很遠了，但回頭依然看見烏來，竟好像走來走去，走不出烏來。

那裏的險要，似乎只有鳥能飛來。那裏沒有一個人家，那是由於那裏確實沒有一塊可耕之地。山是那樣的高，谷是那樣的深，要是那裏沒有一個派出所，誰能知道那是什麼地方？我們到了烏來，當人家指著派出所的一間房屋，我們才相信是到了烏來。當我到了烏來時，兩位學生出來迎接我，我突然一驚，我眞想不到昨天派出的先峰們到此時還在烏來。隨後我才知道他們昨日因爲前面有幾處山崩得太厲害，而我又一再叮囑他們不可太冒險，所以他們才無可如何地在烏來住了一晚。我問他們晚上怎樣？他們說好極了，靜極了。我不料現代的青年們，也會那樣的愛上了這烏來之夜。

在台灣，烏來實不只一個，台北附近也有一個烏來。那裏的烏來會時常有遊人去，也會時常有要人去，那裏有不少的人家居住著，那是人間的烏來。現在我所到的烏來，除了派出所，就沒有一個戶口，這會是世外的烏來嗎？台北那裏的烏來，據報載還正有電影明星在那裏拍著山地姑娘的電影。而這裏的烏來，卻分明是一個獨體的存在。如其是月明之夜，明月在那裏穿過時，則其上山高月小，其下水落石出，那是一回事。一剎時月黑風高，溪聲頓起，那又是一回事。

由此而月來日往，月往日來，加以星的閃爍，又繼以星沉，星沉之後，更繼以森然萬象，而萬象之中，一鳥飛來，飛來之後，復一切靜寂，草木淒然，山川如畫。彼夢寐著的人們，在那遙遙的不夜的都城裏，究思念著什麼呢？接近大海的是平地，但接近天空的則是高山。高山與大海相輝映著，分明有上天鑒臨，而平地的兒女，卻只是日夜地馳逐，怎麼樣也看不到這裏的烏來！高山裏有流水，曠野裏有人聲，而一當水流入平地，人聲併入市聲中，則一切不是停頓，便是膠著，他們可也知道這裏的暮暮朝朝，鳥鳴花放麼？

我眞想不到我的先鋒們能在烏來住一晚，這使我設想著烏來之夜，是那樣一個情景。配合著眼前的烏來景色，我實在有點迷茫。大家到了半途，前面雖險，沒有折回的道理，也沒有折回的可能。同學們已大部分先我離開烏來，向前走得很遠了。先生們也有先我而去的。原來走在我後面的人也趕來了。他們趕來了，我復前進了。我當然也不能停留，於是我更急急的行走著。我要追上他們，親自看看前面的險徑，究竟是山崩得如何模樣？我戴的箬笠讓給一位伙夫遮著雨，我的雨衣被用來遮蓋著一位女山胞替我們背著的行李。幸而有一把雨傘，我撐著趕上去。前前後後的人們，我都需得要照顧著，看看後面的人沒有問題，我就需得看看前面的人們。

我獨自一個人趕路，有一位老婦人帶著她的媳婦同行，因爲背得太重，走得慢，而且媳婦還跌了一跤，我幫忙她把行李拾起來，重新背上。她們都是山胞，在這裏，這一整天行走的，除了我們以外，都是山胞。到山崩處，我仍沒有趕上一個人。那裏要是墜下一個人，那是絕對會無影無蹤的。我相信他們爬過去了，我也越過而不懼怕。隨後又是山崩處，這才看見他們彼此相互照顧，慢慢地爬，但仍然有不少的人先走了過去，於是我又趕去前面了。

有一股山水，從山上沖來，這使山路成了河床，我們都需得涉水而行。水流甚急，幾乎可以把人沖走。又水寒澈骨，兩腳也幾乎發抖。過河也是彼此扶持著，男的幫助女的，大的幫助小的，強的幫助弱的，年輕的幫助年老的，山中的行人們才走了過去。

山崩不只一處，而需涉水之處，也不只一處。我爬山涉水，被我趕上的人越來越多。大部分的人，反而走在我的後面。但爲了要看看前面究竟如何險，可以不可以走過去，我還是繼續的搶上前去。

於是我又走到由谷關到佳陽所必須經過的第二個地點，那就是達見。

達見這個地名會很古怪，但一到那裏又會覺得這個名字很確當。我一個人跟著前面幾位背行李的女山地同胞和一位男山胞走，山路差不多走到盡頭，轉而朝向一個山頭爬著一個很陡的土階，既險又滑。正在汗流浹背時，突然土階走完，眼前出現了房屋。房屋是兩排，一排在右面，要再爬登著石級，才可到達；一排在左，就靠著路旁，已是破敗，空無所有，但屋頂門壁和樓板，都還存在。山胞們一到了那裏，就進到大門前去休息，這時雨又下起來了。我則登上石級，去到那右排的房子裏。一位警員出來了，他一見我就知道是調查隊的人，便即說道：他們已向前走了。那是達見派出所。當時我告訴大家，女同學走不動時，就住在達見那裏，因爲派出所有一間房子，據說是空下來，可以住五六個人。我看看天色已不早，路又那麼難走，以爲她們一定會住下來，誰知她們和幾位先生以及幾位男同學，竟又向前走了。我於是又趕上去，而那幾位男女山胞仍然在那裏休息著。

我一個人問清了路，向兩邊都是茅草的小徑裏走去。茅草合攏來，我把傘衝開去；有時衝不開，便需要把傘收攏來，才能走過去。人家都說由達見去到佳陽的路更險，更小，更難走，而由達見到佳陽還有十公里。我越過了茅草路，走到懸崖邊，又走入一個深林裏。於是我大聲地叫嚷，沒有一人回答我。我知道他們是走得很遠了。我穿過了深林，又走上一個山頭。在山頭上四面望去，也望不到一點人影。下面是險徑，我又只好寂然行走著。這時我掛念著前前後後遠離了我的人們，我也忘了路徑的艱險。不久又進入了一個樹林，林中古木高聳著，下面是一個大壑，那是大壑邊的深林。隱隱更聞水聲，有風聲和雨聲和著，於是我又大大地叫嚷了一陣。

我一面走，一面叫，突然在我面前出現了兩個人。他們在那裏喝著酒。我見了他們，招呼了一下。他們笑一笑，舉起酒瓶，示意要我喝酒。我謝謝他們，搖搖手，表示不會喝，接著又走我的路。他們都是山地同胞，到哪裏去，我可不知道，也無由詢問著。他們有一位臉上畫了花紋，是深藍色。身旁吊一把刀，很長。而另一位則已是普通裝束，但也可以知道是山胞。山林盡處，我望到對面一座大山。山下是一個大谷。有一處山崩，從山上直崩潰到谷底，谷底是一長長的溪流，水與石相激。我雖不能清晰地聞到水聲，但可以見到浪花。又有一處光光的，出現著一片青綠色，我知道那是山胞的墾區。山胞們先燒一片山，於是整地種植著甘藷或是小米。那片青綠色是種的小米。我由此斷定佳陽不會遠了，我想那墾區是佳陽山胞的墾區。

我一路想著：爲什麼她們不在達見住下來？我又一路尋著：所謂由達見到佳陽的險崖，需要側著身子走的地方，究竟在那裏？已是接近黃昏了，當再穿進一個崖邊的樹林時，一切都看得模糊了。只走到一個空曠處，我遇見了一位女助教，她扶著手杖一拐一拐的走著。我問她們爲什麼不在達見住？她笑了一笑，並說道他們正在前面走。

我再趕去前面，趕上了一位，又再趕上去。我把我後面的人一一看過了，確定了他們的平安。我更想把走在我前面的人，一一看到，好知道他們也是安然無恙。這時候，雨沒有下，身上慢慢的涼起來。山風吹著，天是黑了。但山路還是看得清楚。隨後走的是下坡路，我一步一步的走下去，忽然走到一個吊橋邊，由烏來至佳陽的吊橋，我們走了好幾個，這使我們由這一個山崖過到那一個山崖，也不知道過了多少個。現在又到了一個吊橋邊。我抬頭一望，吊橋的另一端，好像就是一個村落，我知道佳陽必然是到了。一路上，我沒有看到一件出險的事，我知道前面的人們也會必然是到了佳陽。

到了佳陽以後，我方聽到人家說：達見的破房子，本來是一個好房子，只因爲以前一位日本女人在那裏吊頸死了，鬧著鬼，所以現在便弄成破廟一樣。於是我又回想起那裏的情景，也確實感到那裏有點像唐詩裏所說的「破廟狐吹火，孤墳鬼唱詩」的模樣，只不過這裏是「山中破廟狐吹火，域外孤墳鬼唱詩」罷了。似此等事，達者見之，自會無所謂是眞是假，只當作是一個故事，任流傳於深山大谷間，就夠美妙了。達見也只有一個派出所，沒有一個人家。但佳陽卻住了許多高山族。

5. 山胞之家

我夜過佳陽橋，到了佳陽。

這佳陽橋就是那佳陽溪上的一個長長的吊橋，有些地方，橋板也壞了。下面一個很深的山谷，溪流谷底，水聲和風聲無法分辨。剛過了橋，就有兩位學生拿手電筒來迎接我，他們是最先到達佳陽的一批，而我則算是第二批。他們總以為我是走在最後面，料不到我竟從最後面跑上來，差一點趕上了他們。有一位學生說我眞偉大，這時我已無心答話，只問他們住的地方找好了沒有？他們就帶我到派出所，說是到了那裏再說。

佳陽的派出所，是在佳陽的最高處，我進到那裏和先行到達的人們相見了，大家竟像是久別重逢。我第一件事，是脫下我濕透了的鞋襪，其次便是坐在一支洋燭前面，向警員代表全隊辦理入山登記的事，隨後就要他們趕快拿手電筒去接著後來的人，後來的人陸續到了，但還剩下四個人沒有到：一位是老伙夫走不動。一位是原來很會跑，但因在過河時站在水裏幫助人家，站久了，筋骨痛起來，所以走不動。還有一位同學扶著他，而另一位則是僱來的嚮導。

警員要山胞燒了一些地瓜來，山地叫甘薯爲地瓜。大家十分餓，因之地瓜吃來也十分甜，一下子就吃光了。背行李的山胞，也集合在派出所，他們有的還要連夜趕去桃源。桃源一名梨山，距佳陽還有五、六公里。其中有一老婦人，頭暈了。又有一位少女，據說是平等之花，她是桃源人，桃源是屬於平等村。這平等之花，雖顯得活潑有趣，但也疲憊了。我們給了她們一些八卦丹，要她們吃，提提神，隨後她們又爬山越嶺，向梨山而去。

警員把我們一行二十四人，分住在四位山胞之家裏。學生們住兩家，一位女助教和五位女生住一家，我和其他的先生們住一家。有人手持洋燭，先把我們引到那一家，燒地瓜就是在那一家燒的，那時還在繼續燒著。而我們也就繼續吃著了。一面吃，一面更在火邊烘著那濕了的衣褲，在那裏眞是溫暖。大家追述著一日的行徑，竟像一下子到達了天堂。

我和先生們住的一位山胞之家，有一位少女，國語說得不壞，她抱著她的小弟弟，一面照料在火上烤著的地瓜，一面和我們談笑著。後來一位學生把他在警員那裏得來的一個消息告訴我，說她就是佳陽之花。事實上，她的衣著的平地化，和她的談吐，確不同於其他的山胞。她的名字叫卡力柯，那是日語「佳子」的意思。她的母親，已是中年以上，臉上畫著放射形的藍花紋，也很活躍。雖然不懂一句國語，也和我們指東指西地說了一些事情。她們母女對我們住在她們家裏，似乎都表示很歡迎，只有卡力柯的父親，倒在火旁邊一張竹條編織的木架上。默默不作一聲。但當我們遞香菸給他抽的時候，也特別起身，表示謝意，而且也顯出頗為客氣而親熱。他的臉上，只前額中間至印堂邊劃了一條直而粗糙的藍色紋，看來甚爲老實。另外還有些別家的山胞，男女老少都有，走來看我們。只是因爲大家語言不通，所以也沒有談什麼，都走的走了。

山胞之家，沒有爐灶，燒火就在房屋的左邊地面上燒著。燒的是一條一條的木頭。木頭在山胞之家，全不值錢，因爲隨處都是，可以儘量地燒著過通晚。在火的兩旁都是竹床架，可以坐，也可以睡。山胞晚上就睡在那裏，因爲通晚燒著火，所以用不著蓋什麼東西。火上面掛著一個鐵鈎，鐵鈎鈎著一個鐵鍋，這鐵鍋裏就燒煮著我們正在吃著的地瓜。隨後學生們都走到我們這裏吃地瓜，而且都爭先恐後的和卡力柯攀談著。我問他們：四位走在後面的人們到了沒有？他們說連接的人都沒回來。外面是漆黑的，天又在下著雨，我們作了種種的推測，但總想不出會落後那麼久的眞正原因。在深山中，那確像是深夜了。毒蛇猛虎，我們都不相信會有，但其他的不測，又誰能保其必無呢？果眞不測，那眞是天昏地黑了。

忽然佳陽橋的另一端，有人聲嚷著。我知道是我派去接的人。我們高興得不得了。我要那些和卡力柯談笑著的人們中，能夠馬上有幾個人跑去看一看。當即跑出了幾個人。不久之後，我知道大家都一齊平安回來了，大家到了佳陽，竟都像是回到了家一樣的回來了。

佳陽是在佳陽溪與大甲溪的上流會合處。佳陽溪在深谷中流，大甲溪更是在深谷中流。這樣便讓佳陽這一個地方，高居在一個山頭上。只是這一山頭尖端極爲平坦，其上所蓋房屋，有好幾十棟，都是一排一排的，排列得很整齊。每棟房屋的面前都有一塊大的空地，左右兩邊也有很寬闊的走道。房屋的方向一律朝向著佳陽溪與大甲溪的合流處，可以看得很遠。雖然前面兩邊都是高山，但佳陽卻顯出頗爲空曠。如其有陽光照曬著，自然是很佳麗的，這怕就是佳陽一個地名的由來了。佳陽後面又是一個高高的山嶺。這山嶺的左方是佳陽廠，是我們的來處。這山嶺的右方，是到桃源的去處，我們還得向那裏上去，要繼續向高處爬，才是桃源。

在那山嶺上看佳陽的村落，則佳陽的整整齊齊，確實是値得稱許的。而且整個村落，沒有一個角落不被打掃得乾乾淨淨。佳陽派出所旁邊原本是一所國民學校，可是現在已被遷移到佳陽的前端，那就是靠近佳陽的盡頭。其下則爲兩溪合流處。在那國民學校的操場裏眺望，景色尤爲佳麗。操場相當空闊，有升旗臺和講演臺。操場四周，栽植了不少的樹木。山地的孩子們，大大小小的常常背著捕蟲網，在那操場裏捕捉著蝴蝶，據說是美國有人向他們收買，每隻蝴蝶兩毛錢。這便使佳陽一帶美麗的蝴蝶大大地遭殃了。

我和先生們所住卡力柯之家，是在那新遷的國民學校後面第二排，左邊有一塊空地，那是卡力柯母女曬衣處，空地的左後方栽了很多李子樹，由李樹林中走出去便是佳陽溪，再向上斜行幾十步，便是佳陽溪上的佳陽橋。因此橋那一邊有人叫嚷著，在卡力柯家裏就聽得很清楚。我們隊伍裏落後的四個人將到佳陽時的叫聲，也就是那樣聽到的。

我聽到了他們的聲音，隨後又見到了他們。大家到佳陽以後，不久，因爲過於疲勞，就去睡眠了。我和幾位先生同睡卡力柯母女臥室的對面。我們的臥室是一間房，鋪了幾張粗蓆子，有六個榻榻米（蓆）寬，是日本式的裝置，房門是推攏的。房門過去是一列窗子，窗子很矮，從窗子裏面，可以走出窗外，窗外就是那卡力柯母女的曬衣處。

那一間房原來是卡力柯母女和她的爸爸以及她的弟妹住的。窗子的左上角放置卡力柯的梳妝台，和她們的衣箱以及好幾床新棉被。梳妝台很小，可是衣箱卻很大，另外還有一張很矮的桌子，上面放了一些應用的東西。

這房間收拾得還整潔，因爲我們一時成了她們的上客，便把她們擠出了。她們這時的臥室，其實不是臥室，並沒有房門，只床頭開了一個小窗戶，可以臥看室外。窗壁上都被薰得黑黑的，那就是給我們燒煮地瓜處，那其實是她們的廚房。卡力柯之家，除了我們住的那間臥室以外，就是廚房，其他山胞之家，都一律如此。房屋上面都是蓋茅草，房屋正中是一個大門，大門兩側大都疊放著燒火的木頭。我們進入山胞之家，大都要彎著身子，才不致頭碰著那大門的上方。據說這已是大大的改良了的房屋。至於佳陽村，那也是經過了一番設計改良的。

山胞之家，有的掛上一串野豬骨在屋簷邊，這是表示他們打獵的成績。據說在很久以前，會掛上敵人的頭骨，以表示他們殺敵的功勳。後來改良，不掛頭骨而在屋簷下畫著人頭。但在佳陽，畫人頭的事也沒有了。只男女臉面上畫花紋，在老一輩的人，還存在著。如卡力柯的母親，臉畫放射形的藍紋是表示她會織布，會當家，很能幹而守婦道，卡加柯的父親臉上的額前藍線，是表示他的勇武。據說如果下顎也畫上一條藍紋，那就表示他曾殺死過敵人，而有功國家。這等於是勳章。

卡力柯家對面有一棟小房屋。那小房屋是用六根柱子懸起的。上面也是蓋著茅草，裏面放著小米等食糧作物。小米是連桿放置著，沒有脫粒，那是要等吃食時再去脫粒的。爲了怕老鼠跑進那一小樓房，便在那每一根柱子頂著房子處放置一塊青石板。山地有很多水成岩，青石板就從那裏拾得，很光澤而平滑。房屋下面空著，可以讓豬狗雞甚至山地的孩子們在那下面通過。後來我才知道：這就是卡力柯家的倉庫，其他山胞之家的倉庫，也都是如此的。

我們一行二十四人，都由兩位伙夫在卡力柯家燒飯吃。吃飯時不僅沒有桌子，而且在卡力柯家的屋子裏，根本容不下，我們只有等沒有下雨時或下著小雨時，大家蹲踞在卡力柯倉庫右側的露地上吃著，菜餚等等都放在地面上。只是這樣一來，原本在倉庫底下來往的豬狗雞，卻一起加入了我們的一群，並搶食著我們的食物了。我們大家一面吃，一面防患著，可是防不勝防。於是便有人提議要我指派一位擔任著防守司令，以負專責。但誰也不願擔任這個司令。就因爲這樣，我們竟時常被山地的雞犬或豬玀侵犯著，構成了一副絕妙的山地人獸爭食圖和人禽爭食圖。

我們在卡力柯山胞之家前後住了五晚，但我和三位先生卻只住了四晚，因爲第三晚我和他們是住宿在環山。我們初到卡力柯家時，帶來的食物相當豐富，米也帶來了一些。當我們在那裏吃第一頓早飯時，我們有一批鹹鴨蛋，我因爲看到卡力柯的弟弟注視著我們的鹹鴨蛋，所以我拿了兩個給他，隨後又給卡力柯和卡力柯的母親以及卡力柯帶來的其他山地孩子們，每人分贈一個。這樣一來，我們便不夠分配了。我們每頓早飯都是吃著硬飯，蛋是我們的佳餚。大家吃飯沒有菜，便責難著伙食委員，而臨時弄其他的菜又來不及，害得一位女伙食委員氣得幾乎哭起來，飯也不吃了。

我起初還不知道她是在埋怨著我。她做事極負責，伙食幾乎是她一個人在那裏調度，辦理得很好。伙夫們不會做菜，她便親自去做，她做得一手好菜，她認眞得很，所以便被綽號爲管家婆。隨後我從容的向她解釋著，這才平復了這位管家婆的氣，她異常天眞。卡力柯是山地的女兒平地化，而她卻是平地的女兒山地化。卡力柯燙著頭髮，還鑲了一個金牙齒，又穿起台灣式的西服來。而她卻相反地有一次竟把山地女兒原來穿的山地服，穿起來照了一張相。幾乎是讓人辨不出是生長在平地。

我們這一群人，現正傾慕著山地，而卡力柯卻又相反地正在傾慕著平地，據說她有兩個妹妹，小妹妹年紀還小，大妹妹已經在山地出嫁了。她所以還沒有出嫁，就是因爲她想嫁到平地去。我深深想著，從山地到平地那是容易的，但從平地再上到山地那就艱難萬分了。在人情裏，人們願意從山地到平地。但在人性的深處，人們卻又不會不願意從平地到山地。這給人間一個最大的破裂，而在眞正的人的生活裏，也就有了一個絕大的矛盾。由此而產生兩個極端，終於在曠野裏又將會有人聲嚷著，但又誰能在目前很清晰地聽到這種嚷聲呢？

我想到耶穌曾給人群兩條魚五個餅，就這樣讓幾千人吃得飽飽的，而且還有剩餘。人的生活，從一方面看來，會是那麼容易，但從另一方面看來，又分明看到許許多多的人獸爭食圖和人禽爭食圖，顯出那麼艱苦。而我分給山地孩子的一些鹹鴨蛋，竟也引起了連自己的人都不夠吃的後果，大大的難爲了伙食委員。只因爲生活的艱苦。才讓人們由山地想到平地，但當兩條魚五個餅再加上「道」，就吃飽了幾千人時，則從平地想到山地，不是更好了嗎？

卡力柯眞是一位美麗的少女。我們從谷關到佳陽，一路爬山涉水，萬苦千辛，有時候佇看著遠遠的一個山峯，因爲奇特，所以忘了疲憊。有時候張望著長長的一個飛瀑，因爲壯麗，所以又忘了疲憊。而在大崖陰濕處，爲了常常見了不像平地的野生秋海棠盛開著，更平添了不少的腳力。我手摘著一枝秋海棠，我想山地也許會有一位少女的顏色，能夠和秋海棠比一比，而又絕不似袁中郎所謂「鄭康成崔秀才之侍兒，嫣然有酸態」，好去眞正地印證著這山地裏的秋海棠。本來這樣的印證是很難的，但我們卻好容易遇見了一個山地的卡力柯，去印證著這山地裏的秋海棠。山地姑娘的美是很難說，這需得從一個印證裏去領會。只是很可惜：卡力柯卻鑲上了一個金牙齒，而想望著平地，想望著平地的西式化，全不識那些荒淫腐敗以致不斷的災難和無窮的苦惱，都是從那兒來的。

在我們這一群人們中，稱讚卡力柯好處的人，確實不在少數。我當然也稱讚她。她常常跑來我們的房間，其實是她自己的臥房；她拿著她自己的東西，有時還拿著她自己的照相簿，但照相簿卻無論如何不肯給我們看。她的一個小妹妹，起初我不認識，這時卻和我們很熟了，因爲卡力柯到我們的房間拿東西時，總是帶她來。卡力柯手上常常拿著苧麻線，有一次她把她放在我們房間裏的大箱子，在燭光下打開來，拿出了一匹一匹的山地布，那是麻織品，花紋簡單而有圖案味。她說那是她自己織成的。這才使我恍然於她手中常拿苧麻之故，而其本質，還究竟是山地的。她如果眞正平地化，她就要放棄這種麻織了。我眞是稱讚她的麻織！於是我就向她買了一匹，其他的人，也爭買著，不僅買了她的布，而且還買了她一個鄰居的。她很慷慨的介紹她的鄰居。她們都各個以爲自己的布織得好，把所織的布，在我們面前陳列著。據說：山地少女，在那一帶都織著苧麻布，那是準備自己出嫁的。我們住的房間一側，疊放著好幾床新棉被，據說，那也是準備卡力柯出嫁的，並非是給卡力柯家人蓋著的。

我們在佳陽一帶調查了一天以後，當晚又集合在卡力柯的家中，召開了一次重要的會議。那是在卡力柯家住宿的第二晚。那一天天氣陰沉，我們知道一下子不會有好天氣。明天我們還需得前進到環山、有勝一帶去調查，只不過有些人，我知道，實在是行不動了。我們討論我們的行動，可是我們中間，不論是男的還是女的，都不肯自動落伍，而留在佳陽不前進。但是一昧前進，不顧體力，到無法再由佳陽經谷關而回時，那就十分麻煩了。由谷關到佳陽，僥倖沒有出事情，但若從佳陽一股氣出發，去環山、有勝一帶，又折回佳陽，而去谷關，那就要有更多的問題了。

環山雖然只距離佳陽十餘公里，但有勝則已到了宜蘭縣的邊境，而且那一帶，路更不好走，山更要爬，大家勉強去爬去走，總是不妥的。於是我便在我們討論了許久都沒有結果時，便斷然說道：「自動落伍，是不好的，但強迫落伍，是光榮的，現在我要強迫一部分人去落伍，不好自由行動。」於是有兩位先生，全部女生，還有好幾位男生，由我規定只去調查佳陽附近的桃源，當晚需折回住宿在佳陽，這叫著桃源隊。我和其他的師生，去到桃源後，馬上去環山，再去有勝，而折返佳陽，這這叫做環山隊。兩隊同出而不同歸。我這樣決定了，大家也就無話可說。

我們散會後，凡不是住在卡力柯家裏的人，都在黑夜裏走到他們自己的住處，我看他們走了，又看到卡力柯一家人在那火旁邊。卡力柯的父親早睡著了，卡力柯的弟弟，不斷的咳嗽，她的小妹妹也睡著了，只卡力柯和她的母親坐在那裏談笑著。卡力柯的父母一早就上山做工。她的父親上山更早，我們無法看見。我們起床後只能看到她的母親在屋簷下，把滴下來的雨水用手盛來洗著臉，沒有臉盆，也沒有毛巾，洗後吃幾個地瓜就走了。而卡力柯吃了地瓜後也帶著她的弟妹到別處去了，白天是很難看到卡力柯家裏的一個人，因爲卡力柯和她的弟妹們要到晚上或拿東西時，才回家，而她的父母則更要等天黑了才由山上跑回來。

山胞之家，眞是一個勤儉之家，也眞是一個清靜的家。只不過卡力柯卻有點動搖了，因爲她傾慕著平地。

6. 環山之會

由佳陽到桃源的路，一上一下，又一下一上，雖只五、六公里遠，可是走起來十分吃力。一路之間，所見到的自然還是深山大谷，和那大甲溪上流的水，急急而來急急而去。有時山胞的墾區，又有時山胞種著的小米和一些地瓜，讓一些山頭一塊兒青黃，又一塊兒青綠。行到一個山頭的盡頭，見到了一片茅屋，也是一排一排的，自另一山頭的上方排到下方，只比佳陽的部落稍微大一點，那就是桃源。那裏的派出所是高高的建築著，我們爬了很多的石級，才到了那裏。我們每到一個地方，都是先和警方打交道，請他們協助，所以才很順利地進行了我們的園藝調查工作。

我們在佳陽看到了一些梨樹，我們異常快樂，覺得那一帶很可以種著梨，甚至一些蘋果。但當我們到了桃源，看到了很多的梨樹，而且結了許多梨在樹上，我們更是歡喜。大家從這一個梨園中到那一個梨園裏，又從這一株梨樹下跑到那一株梨樹下，找到好幾種梨的品種：二十世紀、長十郎、冬梨以及西洋梨都有。此外還看到了板栗，看到了柿子。板栗長在一個山頭的左上方，要由派出所再爬上去才看到，下面盡是一些板栗殼，樹上看來已是沒有板栗的存在了。但有一位福州女同學卻看到了一個，把它打下來，得到幾粒果實，並且分了一粒給我吃，大家對著板栗，也是眞高興。由那裏一直走下去，再右轉前行，到了桃源村。又下去，更到了一個梨園。就在那裏，我們遇見了前天替我們背行李的女山胞，那是桃源的美女，也就是平等之花。

那梨園像是屬於平等之花的，她跑來和我們打招呼，又和我們照相，也和我照了一張。她和佳陽之花，並不屬於同一個型態。她是典型的山地姑娘，似乎並沒有對平地的傾慕。我們在谷關時就曾經遇見她，那時她穿了一件很好看的衣服，隨後卻把它脫下來，替我們背行李，這時她又在這梨樹下，一方面招呼我們，一方面又把梨樹上的梨子，摘下來賣給我們。我們每一個人都吃了不少的梨，而那位福州女同學吃得更多。桃源因爲梨多，所以又被稱爲梨山，我們在平地常常會想小仲馬的茶花女，可是在山地，我們卻又常常談及這梨山賣梨的梨花女。

環山隊和桃源隊吃了梨又吃了便當以後，便走相反的途程，桃源隊決定在桃源繼續調查一會，馬上回去佳陽，而環山隊則直向環山而去。

由桃源上去，路經大保久，直到環山，一路之上，我們已很少見到秋海棠了。而山百合則仍隨處可以見到，我常常採摘著。當這一朵置於衣襟，濃香減退後，又換上另一朵。由佳陽到桃源，天氣陰陰的，而由桃源到環山，則漸漸下雨，終於下著大雨。雨中俯首而行，一路之上，更見到了無數的野石竹，這在桃源以下，卻似完全沒有看到。野石竹在道旁，雖然大增補於整個山光水色，但對山行踽踽的人們來說，看看她，也似乎足快平生。像有劈面而來的山胞詢問著：「客來自何處？」我們就說來自梨山。除梨而外，梨山所見無些子，只梨花女似乎大可以印證著野石竹。

大保久又是在另一個山頭，又是高山族的另一個部落。這部落比較桃源那一個部落還小得多。到那裏去也是要爬上爬下，我們爬了很久，才看到一點平地和平地裏的十幾棟茅屋，有好幾個山地孩子們，見了我們來，就向我們行禮，問我們的安。孩子們個個眼睛大，眼球黑，臉龐紅紅的，身體結實。有的背上還背一個更小的孩兒，赤著腳，笑嘻嘻，國語可以懂也可以說。她們說他們是正在環山國民學校讀書，從一年級到五年級都有。他們把我們一律看成是老師，於是一律叫著「先生，好」，隨後一位中年婦人又從一個茅屋裏跑出來，背上背了一位像是病了的女兒，她也是對我們笑嘻嘻，彬彬有禮。

只是深山中一個山頭，又只是山頭裏十幾間茅屋，可是這些茅屋裏的女人和孩子們卻個個溫文，個個親切。相反的，目前大都市裏的孩子們，卻常常學到了一套看不起人甚至罵人和打鬥的本領，而婦人們在巴黎、倫敦和紐約一帶的驕矜，則更令人望而生畏，又望而生厭。要知孩子如此，婦人可知，婦人如此，其他可知。所謂「禮失而求諸野」，這還不是一個千眞萬確的事實嗎？我特地請這山地婦人和孩子們照了一張相，她們極爲高興，我們也極爲歡喜，我們在大保久也調查了一下，恰好這時還只是下著微雨。在微雨中，我們別了大保久。

在微雨中我們稱述著佳陽的卡力柯，桃源的梨花女，但更稱許著大保久的孩子們。世界從這裏變到那裏，世界也終將會從那裏變到這裏。我們這一代最大的痛苦是：直到如今還在變的過程中，還不知道究竟會變成怎樣？但孩子們是有福了，彬彬有禮而長得結實的孩子們是有福了，因爲變局總不會太長，現在拉長已經拉得夠了。山中的歲月，現在已顯得自在，將來當更會可想而知。人類歷史的進程，從樹上到樹下，又從而自山中跟著溪流走，跟著河流走，又跟著湖海飄，跟著大海飄，直飄到大海洋，而把大海洋當作大平地。於是一切平平，一切變成了平面，但平地起風波，到如今，每一個人都受不了。盡頭到了，總得回頭。智者樂水，仁者樂山，則由大海洋回到大山去，以攝智歸仁，就應該是第二次人類歷史的大進程和大境界。眼看著人們從遠遠而來，而這裏高山上的彬彬有禮的孩子們，卻正好坐著等待。時候總不會太久了。在高高的山頂上，望到日出，總該比其他各處，是要快得很多的。

人在深山中行，又在山頭立著望著而且想著，念往古來今，自不免要愴然淚下，這時雨又越下越大了，人們問我眼邊濕，我只好說是飄來了雨點。

我們再一陣一陣的走，終於又在一個山頭望到了一個部落，那就是環山。

仍是先到警察派出所，那是在環山右後側的一個山頭上。大雨中，我們又跑到那一山頭上，一路有不少的翠菊，那是以前日本人遺下的。警員把我們登記了，又帶我們冒雨下山。山坡坡度極大，我們幾乎是溜下來。環山在高處看看，較佳陽為大，而且還似乎更整潔。那是在深山環繞中，所以被稱為環山。那裏的氣象確實不錯，國民學校的規模也很大，還設有青年救國團。中間有一塊大空地，很平坦，前面是一個山谷，谷旁邊有樹，還有不少的果樹。在那些果樹中，我們找到了兩株蘋果和一株做蘋果嫁接砧木用的三葉海棠樹。這在我們山地園藝資源調查隊，都是一些極為珍貴的資源。

我們下到環山，已是傍晚，雨稍微停了一下，我帶了學生的隊長，就從我們的住處，跑去拜會環山部落的頭目。一位警員引導我們兩個人走，走到一棟茅屋側。那側邊的窗子就像卡力柯家曬衣處的窗子，很大，可以望到房子裏的所有的人們。房子的結構也是和卡力柯家一模一樣，裏面燒火處也是一樣，竹子編的床，放在火兩旁，又是一樣。裏面差不多有十幾個人，分坐在那兩張竹床上，一面烤火，一面喝酒。我們和他們在窗子口招呼了一下，就走到茅屋大門，再由大門進去，和他們一一握手。警員給我們介紹著，我們才知那一群烤火喝酒的人們中，有的是鄰長，有的是代表，有的是頭目。鄰長裏又有第一鄰鄰長和第二鄰鄰長等，頭目裏也有正頭目、副頭目。另外還有一位頭目的兒子和一位鄰長的兒子。他們很快地被警員介紹著，我一時也記不清那許多。有一位臉上畫著放射形藍紋的老婦人，還有一位到後來才知道他是啞巴的中年人。

其中頭目最引人注意，年紀很大，額前有直而短的粗藍紋，下顎也有粗藍紋直畫著。上身披了一件破舊衣，下身用一條布稍微遮了一下，沒有穿褲子。肌肉很黑，又粗又壯，牙齒還很好，說話已有一點嘶嘶的濁音，面部乾枯而正大，黑而有力，自然是充滿了風霜。我的學生，是臺灣人，用日文說明我們的來意，他們都懂得。尤其是那頭目聽了，覺得我們調查園藝，爲的是開發山地，改善他們的生活，便馬上起身，和我們再握了一次手，原先我除了那老婦人以外，都一一握了手，這時我趁機又再和一些坐在我附近的人握了一次手。他們都先後對我表示了謝意，我也盡情表示了我對他們的興奮。

我們坐在一條板凳上，正對著窗口，頭目等在我右側竹床上坐。

有一位鄰長，坐在我的左側竹床邊，我後來才知道他是環山最有力量的一位鄰長。頭目是日據時代遺下來的，現在已經沒有什麼實權了。我們圍坐在一堆柴火旁，他們也要我和我的學生及警員喝著酒，喝了一杯，又送上一杯，我的學生用國語對我說一定要喝光，否則失禮，我只得接連喝光了幾杯。酒是山地小米酒。雖然有點酸，但也有味。喝的時候，他們更特別送上了佳餚，那就是富士豆。他們也要我吃了又吃。我喝得差不多要醉，又吃得差不多要飽時，忽然那一中年啞巴，指著我學生所背的害蟲標本瓶，這一比，那一比，比到頭上又比到腳上，我們不懂，他又比，終於由那聰明的警員向我說明著，就是：「他們這裏有一種甲蟲，問我們要不要？」

這啞巴對我們極親切，他竟像大有所感動似的接著又用手比來比去，和我們攀談著，我們也只好總是點頭，總是微笑。於是警員又說：「這啞巴新近死了老婆，只留下一個女兒，家中什麼人也沒有。」這時我大大地感覺到一種山寨裏的氣概，又感覺到一種山寨裏的凄涼。在那一茅屋裏，像是不可一世，又像是日暮途窮。就以那啞巴來說，據稱他原本是一個有名的獵戶，又是一個捕魚的能手，當我們談到那環山溪裏有一種特別的魚時，他便自告奮勇，說要爲我們捕。

環山是居於大甲溪的更上流，那裏還有三條溪分別和大甲溪的更上流合流著，有特別魚的環山溪就是其中的一溪。所謂特別的魚，第一是由於此魚只有一根骨頭，第二是由於此魚原來是海裏的魚，還據說是以前日本人由北海道帶來的，第三是味道特別美好，第四是長在急流中極不易捕捉，若是溪水暴漲，則更無捕獲的希望。當啞巴要爲我們捕此魚時，他們說要一位助手，現在晚了，需要明天一早去，但今夜如果再下雨，則溪水暴漲著，就不必去。這要看看大家的運氣，於是我們就這樣和啞巴子約定了。

我和我的學生在告別他們時，還送了一些禮物給那些喝酒的山胞們。我又將我們明天可能吃到特別的魚的消息，告訴我的環山隊，他們異常興奮。這使我忽然又動了要和那頭目等照一張相片，留作紀念的念頭。我把這意思向那警員說，警員帶我和一位會照相的同學回到那喝酒的茅屋外，就一人先進茅屋去向他們說，可是他們拒絕了。只那啞巴一個人跑出來，答應和我們照相。後來我們才知道：那些火旁邊喝著酒的高山好漢們，因爲我沒有親自去請他們，而要警員去請，認爲失禮了，所以不出來。其實我只是因爲語言不通，想借重著警員的關說，我已是恭候於草廬之外，可惜他們不知道。

啞巴出了茅屋，見我恭立著，十分高興，再和我熱烈握手。我們同到一塊空地上，啞巴便急急地回到他自己的家裏去，拿了一條長板凳，又帶著她的女兒來。他堅持要他那十歲左右的女兒換穿一件花衣裳，和我們照相。他急急忙忙的爲女兒穿衣，幾乎弄得女兒哭起來。他的衣服破爛得很，他像是認爲我是他的同情者，他把我看作是好朋友，要靠緊我同坐著拍照，而警員卻認爲我是大教授，阻止他坐在我的身旁。隨即我又把他拉過來。照完了以後，他又要我那會照相的學生替他們父女二人，單獨照一張。我很了解他的心事，我立即叫我的學生替他們照。照完以後，不久又下起大雨來了。

一直下雨到天明，還繼續地下著。睡的地方，跳蚤使我們幾乎通晚未睡，所以雨聲聽得異常分明。我的鬍鬚，本來打算到了佳陽就剃，但又不剃，這時候確實很長了。跳蚤不僅跳遍我的全身，而且跳進我的鬍鬚裏，以致幾乎跳不出。我想到以前希特勒在德國當政時的一首諷刺詩，大意是說：跳蚤而今做了大官，帶著他的同志到處跑，壓又壓不碎，揸又揸不到，連美麗的皇后對著他們也哭了。

早上的雨雖然小一點，但山胞跑來告訴我的學生說：溪水暴漲，捕魚不成。隨後，那頭目又來了，他直率地向我要香菸抽，於是我立即送了他們幾包，他感謝我，說是要上山打獵。山胞打獵，常常是一去就要幾天才回來，打到了野獸，就在山上吃一個飽，幾乎只能留下一張皮。若是打不到，那就得挨著餓。那頭目的打扮，和昨天喝酒時的模樣，已大不相同。他穿了一件山地特製的獸皮衣，很像盔甲，又戴上一頂山地避雨帽，顯得很威武，一雙赤足，下部除了遮一塊布，幾乎全裸著，加以臉上的藍色紋，眞令人看了生畏。這時我便親自請他拍一張照，於是他便欣然和我同照了。

晚上很冷，又一晚爲跳蚤所苦，於是恨不得立即離開環山向有勝去。

當頭目出發到山地打獵去了以後，我們也就出發了。

7. 有勝下來

從環山上到有勝，還需得首先經過那在高高山頭上的環山派出所。到了那裏，雨又大了。四方的雲低沉沉，很多山頭被遮著，看不見。山路更窄，兩邊都是很高的茅草。由那裏向有勝望去，我們都知道一路之上當更艱苦。我們又強迫了一位先生，在環山落伍，留在那裏看守東西，打算一到了有勝，調查完畢，就折返環山。

有勝是一個地名，但也只是空有其名，那裏現在已經沒有一個人，也沒有一間屋。以前據說還有一個警察所，但台灣光復後，山地同胞因爲恨透了日本人，所以連日本警察在那裏所住的所有房屋，都一把火燒光了。現時的有勝，只是一片荒山，一片茅草。環山的山胞們聽說我們要冒雨去有勝，而有勝又在靠宜蘭的邊遠處，也都覺得很稀奇。他們現在都似乎對有勝還沒有好感。日本人五十年處心積慮想消滅他們，而他們依然倔強地存在著，他們竟有點像古羅馬曾一時被蹂躪於漢尼拔，而那頭目打獵時的雄姿，確也不下於古羅馬人的威武。古羅馬人終於打退了迦太基的漢尼拔，而那裏的山胞，也終於燒掉了日本的警察所，這使他們至今還感到痛快。只不過他們目前似乎仍然覺得是坐困窮山。

我們由環山派出所前面一直去，路上茅草長得很多很長之處，我們便撥開茅草，尋路而行。雨水濕透了我們的衣褲，雨大了，箬笠沒有用處，傘也沒有用處，雨衣也遮不了雨。那一路之上，懸崖也有，斷崖也有，水流成河處也有，較之由谷關到佳陽的路，還要難走得很。但我們這環山隊是特別選拔了的隊，走得十分起勁。這起勁的另一原因，是由於我們知道以前日本人曾經在有勝種植了些蘋果樹。我們在環山所見到的兩株蘋果樹，據說就是從有勝移植過來的。有勝的蘋果樹是栽植在有勝的警所前後，只因爲日本當時的警察所，在光復時被山地同胞一把火燒掉了，於是也殃及了蘋果，剩下了兩株，則被掘走了，不過蘋果樹被焚之後，有的又從根部長出新芽，慢慢的又成苗成樹了。這當然是從砧木上長出來的，不會是好蘋果，但我們仍可從這砧木的生育狀況上，去研究那裏種植蘋果的可能性，究竟有多麼大。

有勝的保留地有兩百多公頃，所謂保留地是特別給山地同胞耕作的好地方。大可以去開發著。但目前因爲有勝沒有人家，所以便荒廢了。據說那兩百多公頃的土地，都一律可以栽植著好蘋果，我們由環山兩株蘋果樹及一株三葉海棠的生育狀態，可以推測這種說法，並沒有什麼不對處。而且有勝的海拔較環山更高，氣溫更冷，而土質據說也更好，這自然更適於蘋果的栽植。假若那兩百多公頃都栽植著蘋果，又在環山一帶推廣著，甚至推廣到其他的地方去，則在臺灣就必然可以吃到廉價的蘋果，而不致再靠外面的輸入了。我們爲了這一重大的原因，所以怎麼樣困難，我們也要到有勝去。

我們像一到了有勝，就有了勝利地前進著。我們差不多就要到了，只是一株大樹橫倒在山徑上，路垮了。當我們設法從大樹幹上爬過去了以後，我們又瞥見了幾位先我們而去的行人。據說原本是要從那裏去宜蘭，但終於折回來了。這因爲稍微前面一點就是一條溪，溪水暴漲著，阻擋了去路。那裏的溪水，無法架橋，只靠水淺時涉水而渡。溪水漲了，要是渡過去，那就必然要被那急流沖去。我們就這樣被勸說著，以致打回了頭。但我們畢竟不願回頭，但我們又畢竟沒有辦法地回頭了。只不過有勝之境，我們卻已經到達；所謂沒有到，那僅僅是沒有到達著那一被焚毀了的日本警所的廢墟而已。

由有勝去來，更是大山大壑，雨中又見到山百合不少，那都是白的。雲低得很，天門像是閉得緊緊，鴿子要如何才能從天門開處飛下來？我在那裏遠望著，但雨中能望到多遠？我在那裏遐想著，其實還是只能想到身旁：我想到身旁的白百合，天門緊閉，而白百合卻似一轉而把山門打開了！更似一轉而把地門打開了，因爲那山頭的白百合，分明是開了，我腳底下的百合，也分明是開了！那山頭點綴在低雲中的白百合，會像是地下透出來的光。那隨地點綴在大雨中的白百合，也像是地下透出來的光。而在這透出來的清光裏，更深深讓人想像到一個白百合似的女人，一個白百合似的田園和一個白百合似的夜，人的心靈，像白百合似的開發著，土地也像白百合似的開發著。在那裏，一個白百合似的女人，那就是妻；一個白百合似的田園，那就是家；而一個白百合似的夜，則就是安息。要知從古到今，無室無家的人，是有禍了，得不到安息的人，也是有禍了，在尼山，在西奈山，或是在菩提樹下，一切的構想，總是避禍求福，就讓世人們在這山頭的白百合下避禍吧，就讓世人們在這腳底的白百合下求福吧。

我們回到環山，又路經環山派出所。我又在那路旁看見了一種西洋賓菊，花也是白白的。這時候，有勝環山的氣候，從溫度上說，竟像是到了大陸上的秋末冬初，但花卉還是開的那麼多。反之，台灣的平地，這時正是炎夏，花卻十分少。又當有勝環山一帶下著霜雪時，在台灣的平地，又正在大吃著屏東的西瓜。所有這些，都增加了外來人的奇異感覺。山地平地變更了，上下變更了，氣候變更了，草木變更了，由此而山川也變更了，人世也變更了，歲月更是變更了。我在深山中，我幾乎不知今世何世？今日何日？這原因很簡單；我們只顧到爬山越嶺，看不到報紙，看不到日曆，而且還大大的感覺到人間的報紙和日曆是多餘的。我們上山時，報紙的記者訪問我們，把我們當成了新聞，連我們自己都當成了新聞，則新聞可知。我們上山後，每天都過著不同的日子，我們一山又一山，一水又一水，因之一日復一日，一時復一時，我們幾乎本身就是日曆，則日曆可想。這時候，只要家國無恙，世人無恙，從而山川依舊，草木依然，也就得了。

回到環山後，一想到了跳蚤，就決定冒雨趕去佳陽。

到了佳陽後，本想第二天就離開，可是我們之中，一位姓王的男同學，腳痛不能行，一位福州的女同學，肚痛不能走。腳痛是因爲浸多了水，肚痛是由於吃多了梨，這便使我焦急萬分。山中沒有醫生，也沒有擔架。不能馬上把他們醫好，又不能一路把他們抬走，更不能一下就把他們丟下，而我們老是留在卡力柯家，更不是辦法。我們晚上開了一個緊急會議，心情十分沉重，終於由我指派了兩個男同學照顧一個男病人，兩個女同學照顧一個女病號，明天休養一天，然後再慢慢走，而我們大隊人馬，也決定後天行。有人問：「後天好不了如何？」我答道：「兩人陪一人。」又問：「一輩子好不了怎樣？」又答：「那就要陪一輩子，這就是所謂患難相共。」陪福州女同學的一位姓王的，很調皮，但也很爽快，說話的聲音有點嘶，這時竟忽然說著我有先見之明。那原因是由於我在台中出發時，就說那福州女同學身體差，必須要她去招扶。她們兩人完全是不同的型態，一個像男孩，一個卻是純女性，在大山大壑中，她們走在一塊，就十足形成了一首牧歌。

我們因為兩同學的病痛，便在佳陽度了一個最安閒的日子。那一日，天陰，算是沒有下雨。我在休閒中，一人穿過一條盡是茅草叢長著的小山徑，沿佳陽溪逆流而上。臉上擔心著刺，腳下擔心著蛇，走了一兩公里，到了一個極小的發電所。那發電所目前停頓了，小水壩沖壞多時，猶待修理，沒有水力足以發電。要是修好了，佳陽就有電燈。在深山中，有電燈照耀著那樣的部落，再加以歌舞，自我看來，就必然會遠勝於巴黎的歌劇院，只可惜我們無由欣賞，而人們也不知欣賞。我在那沖壞了的水壩旁憑弔了多時，一面戲著水，一面又對那溪水暴漲時，水與石相衝擊的水聲，高叫了幾聲，看看有沒有同調？在那裏，我又念到我的亡父亡姊，辛勤一世，辛苦一生，我的泣聲因水聲而顯得極微，但我的淚，卻因溪流而流得極遠。究何時能在亡父亡姊的墳頭滴一滴淚？那眞是不得而知。

離開佳陽時，我一再叮囑著照顧病痛的同學，最好是在達見住，或是在烏來宿，分成幾段走，只要回到谷關就一切平安。那一日，果然一切平安，天初晴，路雖更壞，但因爲是下坡，走來比較省力，而病人們也因爲歸心似箭，走來反而精神好一點，於是大家一齊就在下午五時許集合在距谷關的兩公里處，搭上了電源事務所的工程車。到谷關時，替我們背行李的佳陽山胞，男男女女，都下了車，其中卡力柯的母親也成了背行李的一員，我們是要一直去東勢的，而他們則要折返佳陽，於是我們彼此告別。卡力柯的母親在車子下，更不斷地向我們招手，向我們笑，更向我們叫著：「阿里阿多（謝謝）。」其意至慇，其情至切。

工程車直送我們回到東勢，司機旁讓病痛者坐，而我們則坐在車頂。晚風拂面而來，車子飛奔，我的鬚髮飛舞，隊旗飛揚。路過久良栖，有人招手，路過那山村野店時，我們招手，再前行到了那天輪發電廠的傳達室旁，警員一見就認識我們，我們彼此大大的招了手。隨後我們索性向不認識的路上行人招手，而素不相識的路上行人也向我們招手。

現在我們是出山了，但我們又需得向大安溪旁的山地去。

我們隨後又調查了中坑，有一日更冒雨調查了雙崎、穿龍、竹林、達觀、山腳一帶，凡一整天。最後我們又調查牛欄坑，前後又是三日。牛欄坑、中坑、雙崎一帶看不到大安溪，而由竹林到達觀再到山腳，則沿大安溪逆流而上，所見風物又是一樣。大安溪和大甲溪是兩條性質不同的溪，大甲溪一瀉千里，有怒氣，有餘威，兩邊的山，峻拔得很，而又鬱鬱蒼蒼，令人從那兒去來，只要深入到裏面，就無端而有隔世之想。大安溪我確是只到山腳止，但山腳又名雪山，那是大雪山的山腳。那裏看大安溪，兩岸橫開，有迴旋，有餘地，左右的山，看似平凡，卻也起伏有勢。

雪山的警員向我說：那裏的溪床，今年在這一邊，可是明年又說不定要移到那邊去，人的心在那裏，也像大可以任運而行。雪山的山地部落現在都生活得很好，臉上的藍紋，也和佳陽環山一樣，只是茅屋大都改了瓦房，排列也不一樣。據說原來是一樣，但在光復時，山胞不喜歡日本人的設計，所以便自動的改觀了。稍來坪陳鄉長的家也在那裏，只他的太太看守著，她成了一個孤獨的人。那大安溪的上流，對一個孤獨的人來說，就顯得一種「門對大安溪，不知何所有」的模樣了。

我在東勢，遇見了東勢中學的劉老師，我說我的鬍鬚如此長，你如何還認識？他就說他那裏可以洗澡，也可以剃鬚。我們一共在和平鄉走了十六日，最後連一位先生，幾位善走的男同學和那女伙委以及像男孩的女同學也成了病號，走不動了。

正結束和平鄉的調查，記者來訪問，隨後又開了一個晚會，大家整頓了儀容，大家又依然是在平地的樣子了。

8. 到達霧社

山中半個多月的雨，竟讓平地洪水成災，一些公路被沖壞了，有一段鐵路也被水沖壞了，很多地方的橋梁更需得趕修著。這使我們由台中縣和平鄉轉到南投縣仁愛鄉的調查工作，在那次高山與中央山脈下，尤為艱苦。

我先把山地園藝資源調查隊重新整頓，走不動的留下了，再換上一批新的生力軍。這真像打了一次大仗，說是勝利而回也可以，說是敗陣而歸也可以。大家不感到極度疲憊的真是不多。

這一次所有女的，不管是先生，還是學生，我都沒有帶上去。原有的男學生也帶去不多，原有的男先生也有一位沒帶去。補上其他新的先生和學生，一共又湊足了二十四位。我重新形成了一個隊伍，向霧社而去。我的妻以及我的朋友，都勸阻我不要再走，可是我堅決的要走。我說我並不感到疲勞，而且我還要這樣才感到歡喜。我有一大哀思，要藉山行去減輕著。在高山裏，在雲霧裏，在十分陌生而又像十分熟悉的山地同胞裏，我可藉此以減哀思。當我獲得了我亡父和亡姊的確訊後，直到那時候，我都不敢相信，我眞是要去高山上向遠方望個清楚，我眞是要去雲霧中向下面看個明白。一些疲勞算得什麼？一些苦難算得什麼？只沒有了父親的孩子和沒有了姊姊的弟弟，在人世裏，才眞了然於歲月的稀奇和心靈的重負。於此，不能在一堆土旁，匍伏而泣，就只好在這大海中的深山裏，走了又走，更只好在這深山裏的峻嶺間，爬了又爬。讓爬山越嶺，眞成了一己的本領，更成了一己的本分，這才算是多多少少減輕了一點自己的罪愆。這世界必須暫時把它丟在後頭，且去高山上，振一振一己的衣履，振落一點紅塵吧！在臺灣，玉山是最高的，次高山是次高的，中央山脈也是高高的。玉山我們接著就要去，而目前則必須向次高山和中央山脈而行了。

我們第一步的目標是去到霧社。

霧社的櫻花很盛，很多人都要在一月間去那裏看著櫻花，但我們這一次去那裏，卻很想計畫著把櫻花換上梅花。霧社探梅，會遠勝於霧社賞櫻，更何況梅花還是我們的國花呢？

因爲路上有些地方被沖毀，我們知道直達霧社，會有問題，所以在去霧社之前，又先行調查了兩條支線：第一線是由埔里至清流，中原和眉原的一線。第二線是由埔里至東埔，過坑，又折回東埔更至武界，圓山的一線。

首先我們到了眉原，這一帶山地同胞的生活，過得很不壞，臉上的花紋與佳陽環山一帶，並無不同，只不過氣質上總好像改變了不少。那裏的果樹有桃、有李、有柿子，更有不少的柚子和文旦。柿子和李子生長得還好，其他則無足觀。蔬菜也是一些普通的蔬菜，花卉方面也間或見到一些美人蕉和大理花等。在那裏，主要的產業是水田，他們可以不必吃小米和地瓜，大米已夠吃了。有了水田，就有了定居的趨勢。而一定居著，人的氣質就改變了不少。房屋也多是瓦的，房屋裏的設置也有了棹椅等等。

由眉原到中原，沒有步行多久就到了。中原的水田更多，人家也多一點，似乎更富足。其他情況，幾乎和眉原相同。有一株柿子長得很好，樹很高，上面所結柿子，紅得極可愛，我們要摘下一個做標本，於是一位山胞一下子就爬上那柿樹頂，為我們摘下了幾個。這一帶的山胞都異常和善而純良，但對以前的日本人，卻恨之入骨。據說：這裏居住著的山胞，原住在霧社。二十多年前震動全世界的霧社事變，就是他們作著主角。他們約定由霧社一直進去的山地同胞，藉一個開運動會的名義，在霧社運動場，請來了一百多名重要的日本男女老幼，一下子就全部殺掉。日本那時在臺灣的總督派兵攻打。

他們守住霧社的關口，守了很久。直到日本派了大批的飛機去轟炸以後，他們才被迫後退而失敗了。他們橫被屠殺著，而且最後連他們在霧社的整個部落，都被迫遷移到這中原來。

由中原再沿烏溪上流的一個支流而下，過一個吊橋，在很多水田間一直走，就到了清流。居住在清流的山胞又較中原山胞來得富足。那是因爲眉原、中原、清流三個地方，都是位於能高山下的一大山谷間，而這一大山谷，在溪水穿過著的兩旁，很是平坦，愈下愈闊，清流則位於最平闊處。在清流部落的房屋旁有一股清流，那眞是清得可愛。水流很急，直下而與溪流相會合。那溪流也是頗爲可愛的。現時霧社的仁愛鄉鄉長，據說就家住在清流。而距霧社不遠的廬山，以前在那裏住的山地同胞，也因參加了霧社事變之故，被屠殺著，又被遷徙著。其被遷徙的地方，也就是在清流。

現時清流一帶的山地同胞，因爲他們的父老兄弟的死亡和遷徙，太過傷心，所以很不願人們再提起這一霧社事變的傷心事。縱然在臺灣光復以後，人人都認爲這是山地同胞一件最大的光榮，但依然蓋過不了他們的傷痛。我們有時稱山胞爲義胞，這是因爲對抗日而言，他們是最先起義的。因之日本人過去對他們的仇恨也特別深。山地同胞只是在光復以後，人口才逐漸增加，生活才逐漸改善。日本竊據臺灣的時代，他們的人口，一天一天的減少。日本那時對山胞的政策，幾乎是要想完全消滅他們。在清流有一個極爲明顯的對照，那就是日據時代，山胞所住房屋，不僅是茅屋，而且簡陋不堪，又矮小，又污穢。而光復以後所新建者，則全部是瓦屋，裏面寬敞，光線空氣都很好，而且裏面的陳設也不壞，幾乎都成了小康之家。目前這小康之家，越來越多。

以前留下來的茅屋，幾乎一律被改成了瓦屋。那裏有學校，有衛生所，還有教堂和警察所。每家宅屋裏面都清潔得很，而那裏前後左右，亦復天天打掃得乾乾淨淨，眞是一個清潔美好的鄉村。他們對現政府確實好，而現政府對他們的政策設施，也確實是成功的。我們到那裏調查時，他們大都出外去工作了。家家的門戶都沒有鎖，而裏面又幾乎都沒有一個人看守著。在山地同胞所居住的地方，完全不知道有所謂偷盜的事。那眞是所謂「夜不閉戶，道不拾遺」，絕不是居住在平地的人所能想像的。

我們在眉原、中原和清流那一帶，即那一大山谷間，盤桓了一日。雖然對我們所要調查的山地園藝資源上，沒有什麼足資注意的事，但在眼面前，卻分明呈現了一個美妙的鄉村，則確是一件可以興奮的事。通常對一個鄉村而言，水田是一件重要的事，水田讓人們定著，而又爲「富」之所從出。衛生所是一件重要的事，這不僅阻止了人口的減少，而且還爲所謂「庶矣」之源。學校是一件重要的事，此在目前不僅在山地推行了國語，而且大大地增進了他們的智慧與禮儀。就此三件事來說，我們所看到的眉原、中原和清流，都是很好的。這對鄉村改革的人們，實在可以做一個參考。對鄉村，絕不好唱高調，也不必談什麼理論和原則，最必須的是一點一滴的工夫和誠誠懇懇的態度，而且一切慢慢來，要比急著做，會好得多。

又一天的工夫，我們花在東埔、過坑、武界和圓山一帶。

東埔和我們以後在信義鄉所調查的東埔，絕不一樣。這裏的東埔住的都是平地人，沒有一個山地同胞。對我們而言，那不是一個調查的對象，而只是一個過道。我們去過坑，要經過那裏。我們去武界圓山一帶，則要由過坑折回，再經過那裏向山上一直爬，又要向山下一直走。以後並需走一個來回，再由東埔而返到我們的住宿處。那時我們臨時的住宿處是在埔里林場標本園中。

過坑住的部落，是山地同胞，但地方是一大塊平地，那已靠近魚池和日月潭了。那裏主要的是水田，小米和地瓜不易看到，果樹方面有一些柚子，菜蔬和平地差不多，花卉方面有一些美人蕉和長春花等。他們的房屋蓋青石板的很多，不過現在的青石板爲頂的房屋，和以前山胞的青石板圍著的房屋已大不相同了。

我們去武界所需越過的一個大山，其坡度之大，竟使我們這一行人，有的已爬到山頂，而有的還滯留在半山腰，走了幾步，就要歇一次。等他們到山頭時，他們汗流滿面，上衣全濕。山頂上有一小亭子，他們之中，有的走到亭子裏，就無法再前進了。亭子旁邊是一個入山檢查站。站裏面的人很客氣，見了我們上來，就送上了一壺開水來，我們一飲而盡。隨後又送上一壺，而我們第二批到達的人們，又一飲而盡。我們一批一批的上到山頭，終於開水接不上了。我們只好在亭子裏慢慢等候著。

我們從東埔起，只走了一點平路，隨後便一直爬山。我們以前的爬山，都是在深山裏，沿著這一座山走到那一座山，於是一個山頭換上一個山頭。這一次的爬，則只是爬向一個大山頭。在那大山頭上，向前而看，可以看到武界、圓山和日月潭的水源壩以及其他很遠的地方。向來處看，則看到東埔，又似看到埔里，又似看到了其他更遠的地方，以致好像看到了海。我們休息在那山頭的亭子裏，一陣陣的雲霧吹來了，又被吹散了，所以看到的遠方，一會兒完全看不見，又一會兒重新在眼前。事實上這雲霧，我們走到半山腰，就遇見。等我們爬高了一點，就衝出去了。如此從雲霧中衝進衝出，一共有好幾次。山風頗大，雲霧飄然而來，又飄然而去。我們爬上幾步，常常看一看後頭。無窮的景色，總是在雲霧開處，呈現在眼底。山中的樹木，有的地方很多，有的地方很少。樹木多處，森森然，一入其中，眞是「冷然而善」。山巖巖陰，又有不少的秋海棠盛開著。那秋海棠不同於谷關到佳陽一帶的秋海棠，那又是一種，已是清癯了一點，並更多朝氣。

我們齊集在那大山頭的小亭子裏以後，又是由我強迫了一些人落伍，要他們看守那個小亭子，不好再前進，以免回不來。

我帶了其餘的人從那大山頭下去時，立即要先通過那一入山檢查站。我們登記完了，我們又要排隊。我首先被點了名，我答道「有」，於是我又從隊裏跑出來，被要求去點著其他同伴的姓名，我只好首先點了黃教授的名，他也說「有」，隨即下山了。我其次又點了朱教授的名，又是一聲「有」，下山了。接著我更一個一個的點著名，而讓一個一個的先下了山。我自己則走在最後頭，但有一個嚮導跟隨著我。

下山眞是容易了，但需得注意看自己的腳下，因爲一不小心，就難免要溜。有時嚮導在路旁爲我摘了一些野果。那裏有野生的時計果，青紫色，長圓形，剝開了，黃黃的肉，果汁極多，又酸又甜。又有一種特別的香味，食之令人解疲，又像令人遐想。於是我時常停著腳步而向前遠遠的望著。我望到日月潭的水源壩，越來越大。又望到武界圓山一帶，越來越清楚。我上山時本是走前頭，可是下山時我就落後多了。

我們下到武界以後，在那裏的國民小學休息了一會，又吃了便當。隨後又調查了附近的一個小果園。再行過一些水田，又過一吊橋，更經過一些水田，就到了圓山。圓山和武界兩個山地同胞所居住的村落，中間是隔了一條臺灣最長的濁水溪，這兩地遙遙相對。我從圓山看我們所過來的那一大山頭，使我們想到回頭又要爬上去，眞不免有點害怕。武界是在那大山頭的腳下，而圓山則是在又一山頭之旁，有一小澗環繞著。這小澗的水是從日月潭的水源壩那裏引來作權溉的。

於是我們又沿著那一小水澗，逆流而上，我們要再去看看那日月潭的水源壩。但我們中間有一批人因爲想到又要越過那來時的大山頭而回，便寧願停下來，多看一看圓山和武界。

我帶了幾位同學到達水源壩，走得很遠，又爬得很高。壩上有警員，他帶我們看，又限制我們看，因爲有些地方是不能隨便看的。那裏有兩個大蓄水庫，我們只看到了外面的一個。那裏的排水設備，極壯麗，有一吊橋設在排水處。其下有不少的住宅，那是那一水壩工程處的職員住宅。據說穿過大山的是一個很長的水道，濁水溪上流的水，滯留了一部分在蓄水池，被澄清著，然後由水道通過大山而注入日月潭。大家都看日月潭的水是碧綠的，而濁水溪的水則很濁。其清濁之關鍵，就全在那一水源壩。而那一水源壩卻不是一般人所能去，也不是一般人所願去的。

由水源壩再過去是曲冰，由曲冰再過去是松林，由松林而萬大，再由萬大前去，便是霧社。這都是沿濁水溪而上，一山又一山，一壑又一壑，水彎曲得很，路也彎曲得很。我們沒有取道那裏走，我們寧願回到原住處，由另一條路，直上霧社而行。

我們看水源壩的一隊，隨後會合了留在圓山和武界的一隊，並在武界一個山地物資購銷處的一位山地姑娘那裏買了不少的汽水喝。在山地能夠喝到汽水眞不易。這是因爲武界和圓山一帶水田多，居民富庶，所以生活也大大提高了的緣故。

我們重爬到大山頭的小亭子裏，又會合了留在小亭子裏的一隊，我們問他們怎樣看守著，他們回答道：「亭子裏睡了一陣，又去檢查所睡了一陣，適才更在亭子裏睡了一陣，覺得很冷。」可是我們大隊人馬到達小亭子裏時，卻又個個滿頭大汗，外衣全濕。

當我們下山回到東埔時，天已快黑了。我們都慶幸著這一次沒有帶女先生和女同學來，否則就難免不上不下了。

我們回到住處，一宿而後，便由一條大路，一直到達了霧社。

9. 廬山一帶之行

我在眉原、中原、清流、過坑、武界和圓山一帶，所見到的山地部落，大都有不少的水田，水田裏有的還有鯽魚，水都是活水，魚在清水的禾苗裏，游來游去。在平地，稻田已經夠美麗了，在山地，稻田尤有說不出的美。我想起我兒時所聽到的一首山歌，說是：

上頭田裏水活活，
下頭田裏鯽魚多；
山中也有魚和米，
相見時來笑呵呵！

這山歌正可引用到這一帶。在人類的世界裏，稻田正是充滿了靈氣，在那裏，人類特別開闢了一個經濟的領域；在那裏，人類更特別開闢了一個性靈的領域。我見到山地部落裏有水田，我想到山地孩子們有一雙大而黑的眼，在那裏會分明都開啓了一種性靈的門，而不僅僅是開啓了一種生活的新希望。

到達霧社的途中，兩面是山，中間是路，也像開啓著一種門，愈上去，則門愈窄。到後來，眞有「一夫當關、萬夫莫開」之勢。據說霧社事變時，山地同胞阻擋日軍處，就在那裏。路旁是一深谷，谷底是一長溪。溪上有一吊橋處，走過去是一個山頭，接著一個山頭。在那裏居住著一個山地的小部落，就是眉溪。青岡樹長得不少，又有一株古松生於懸崖上。我們曾由那裏去，又由那裏折回到霧社的途中。在霧社將到達時，路旁山岩下，也開著秋海棠。

我們到了霧社後，恰好碰到仁愛鄉全鄉運動大會又在那裏舉行。我在那裏會見了仁愛鄉的鄉長，又坐在評判台上會見了仁愛鄉各村的村長。我們成了上賓，我們還送了一些獎品給那運動大會。山胞們對運動極熱烈，有不少的山地女選手，也顯得威風十足。我設想著霧社事變時的運動會，又眼看著面前的運動會。我在評判台上轉而仰望著天空，這時的天氣特別好，不見浮雲。

我們隨即由霧社去廬山一帶，夜宿廬山溫泉。這廬山一帶，是我們在仁愛鄉所走的最爲平坦、最爲舒適的一線。但這一路線，卻是去年中央山脈探險隊所走的一個路線。

由霧社到春陽，由春陽到廬山。而廬山溫泉則在廬山與春陽之間，位於濁水溪支流之另一岸。需由半山腰循小山徑而下至谷底，過一吊橋而越溪水，再左轉循溪水而上行數百步始能到達。那裏雖然是在兩山疊合之間，但頗有一些平地。溫泉招待所建築得很寬敞，有三大座房子，房子前面有一個大院子。我們一入院門，就看到那裏有不少的大波斯菊正盛開著，臨風招展。後面是一塊大空地，茅草長得很高，也有一些樹。溫泉的水很清，溫度也高，可以不必燒開就喝。有一位醫學博士寫了一個證明書懸掛在那裏，但我還是沒有喝。我也覺得那裏似乎比谷關溫泉好，裏面的管理員沉默得很，也客氣得多。我們在那裏夜宿，十分舒暢。傍晚，我曾一個人去到溪水旁，這裏已是濁水溪的不濁處。從這裏以上，濁水溪很清。大概要自霧社以下，因爲經過了一些水成岩，沖刷了大批的泥沙，所以便濁。我在那裏臨流洗著手帕，感覺到那是「在山濁水清，出山清水濁」，而不僅僅是「在山泉水清，出山泉水濁」。當我洗手帕時，還覺得水頗熱，隨即我便在附近發現了另一股溫泉從地下冒出來。

夜在山谷中，更顯得黑，山風也很大。一個人一會兒在這裏，一會兒又在那裏，從而一會兒在山頭，一會兒在谷底，一會兒在晝，一會兒在夜，一會兒在冬，一會兒在夏，一會兒在大海之中，一會兒在廣漠之野。念在父母的膝下時，竟一會兒又不知身在何方了。一切會是這樣的稀奇，這裏的一水把兩山分開了，可是，這裏以外，一個世界被分成兩個，一個國家被分成兩個，一個城市被分成兩個，終於一個人分開了，一切也分開了。假如一切都像這裏的兩山，千年萬載合不攏來，則世界之所以爲世界，國家之所以爲國家，以致人之所以爲人，一切之所以爲一切，豈非一大迷惘？但當我在濁水支流旁躑躅時，漸漸的，兩山竟像是要合攏來。是時候了，我需得入睡了，人的夢總是完整的。

由廬山溫泉走到廬山，那是由谷底走到山頭，那是一直爬上去。爬了差不多一小時，才見到人家，那就是廬山。那裏有一個山地部落。我們一行二十四人，這時只有二十一個，兩位伙夫留下在溫泉，一位同學也留下，走不動。我們打算調查了平和、靜觀以後，再回廬山，並回宿於廬山溫泉的招待所。

由廬山到平和，是循著一個大山腰，轉到另一個山腰，如此轉了好幾轉，到了一個較爲平坦的小山頭，那裏住著幾十家山地同胞，那就是平和。在那裏一進去，就看到兩排像行道樹似的排列在村路兩旁的房屋，很是整齊。村路極寬，最後面是派出所和國民學校。在那裏有一新建築的衛生所，還有兩個教堂，一個是長老會的，一個是眞耶穌會的。教堂也是茅屋，裏面放了一排一排的木凳。據說每逢星期日，牧師們就是大風大雨，也要趕來給山胞們做禮拜講道。長老會在那裏的歷史比較久，所以信徒們也比較多。山胞們不信教則已，一信教就異常信得眞誠。山胞們原本是一有錢，就喝酒，一喝酒，就大醉，一大醉，就什麼也不管。我昨天路過春陽時，我還遇見一位老人，臥倒在道旁，像已死去，隨後我才知道他只是爛醉如泥。我給了他一點醒酒的藥，他才哼了一哼，我不知道他是否是這裏的山胞。但目前這裏的山胞們，只要一信了教，就差不多都不抽菸，不喝酒了。這眞是上帝的好兒女。

在今日兩分的世界，兩分的國家以及兩分的城市裏，有一半已經把上帝趕出了，另一半也多多少少地讓上帝隱退著，誰能知道在這深山裏，在這大山中，上帝反而會在一些藍色的臉紋裏顯現著。要知這一顯現，就給山胞們大大不同了。一不喝酒，就有了積蓄；一有了積蓄，就有了營養；一有了營養，身體就更結實，而且大而黑的眼，也更有了光；一有了光，就不怕沒有智慧；一有了智慧，就不怕沒有將來。將來的人世會看到：上帝從那裏隱退，又從這裏跑出來，作成了一個奇蹟。上帝眞是絕不同於世人們，上帝眞是絕不隱退於深山裏，絕不隱退大山中。

由平和到靜觀，又要通過深山，繞過大山，那已是到了台灣人人知道的中央山脈了。一路之上，我們看到了不少的車前草，又看到岩邊樹上的石槲蘭，還有不少山地同胞廢棄了的墾區，現在都栽植了赤楊樹，而且已經是長得很高了。不久這赤楊又將給山胞們砍伐，作柴燒，而於其地又栽培著小米或是地瓜了。赤楊根上也有根瘤菌，這對地方的恢復，是大有裨補的。我們一到了靜觀，就看到兩排水蜜桃，長得茂盛，又栽植得整齊。在這裏居住著一些山地同胞，在以前也都像是被上帝遺忘了的人們；而在目前，則大部分同樣成了上帝的好兒女。進長老會的固然不少，入眞耶穌教的也一樣有，而且在這些上帝的好兒女中，有兩位還是我們見過的。同時，這兩位山胞還先和我們打了招呼，這就是兩位女選手。當我們初到霧社時，坐在那仁愛鄉全鄉運動會的評判台上時，她們正在那裏擲鐵餅。陽光底下，她們穿著運動衣，眞是耀人眼目。她們的健壯，她們的活躍，以及她們的風姿，都在在令人牢記著。這時在中央山脈重逢著，我們一見就想起了，但不料她們還搶先招呼著我們。

我們之中，有的人走了過去，走到她們的門前，門前竟種植了楊柳，隨風飄拂。不是江南，不是海南，也不是天南；那裏的情調眞是夠特別。不知怎樣，她們忽然要教我的學生們，學習著她們的高山語。於是我的學生們就馬上說了無數聲的「摩呵外衣斯」，那是「謝謝你」的意思。就她們的天眞來說，她們可能就是上帝最爲寵愛著的小兒女。柳樹在台灣頗不易見，但自從進入了霧社，來到了廬山一帶以後，我在平和村長老會的教堂前，看到了兩行新植的柳，這時，又在這上帝最寵愛著的小女兒家門前見到了幾株飄拂的柳。大家可以想像得到江南柳，大家想像不到海南柳；大家想像到海南柳，大家想像不到天南柳，但即使大家想像到了天南柳，大家也想像不到這裏的柳。這裏的柳的顏色，這裏的柳的模樣，和這裏的柳的風姿，會都是不易想像的。

在這裏我又需得特別提一提山地的一位老漢。這老漢是我在平和村所遇見的。他骨瘦如柴，上身雖也披上了一件衣。但胸腹都袒了出來，下身只是一條布，僅僅遮蓋著一點點。他依靠在一間茅屋的大門前，兩眼遠望著。就這樣，他也使你感覺到一種特殊的氣概來。這氣概不是古波斯人的氣概，不是古斯巴達人的氣概，也不是古羅馬人的氣概。只憑了他那一種古銅色的皮膚，你就會無端起了無窮的聯想：你會聯想著害了瘧疾以後的武行者，也會聯想著很久沒有吃肉的魯智深。但所有這些聯想會都是無濟於事，你不如說眼前看到了一位上帝的老家人，那是上帝最為垂念著的老家人。

由靜觀再過去便是花蓮縣，這已出了我們的調查範圍。

於是我們再由靜觀回到平和，我們還在那裏採集了一些土咖啡和一些可以醫治著人們的宿疾的藥用植物。園藝上，我們調查了不少的東西，果蔬和花卉都有。

我們又由平和回到廬山，我一路想：耶穌說：「不要怕，只要信。」但信了以後，總更應該「大有事在」。在深山之中，聽著風聲，在大山之頂，望著雲影。這風聲在你會是什麼？這雲影在你會是什麼？當你回頭想著家人父子時，當你回頭看著家人父子時，你豈非也聽到一種風聲，看到一種雲影麼？由此你便要落到人倫上。而人之大倫，又會是什麼呢？有人倫，就需得有教化，而這教化之大端，又會是什麼呢？智慧之頂，總需得歸於德慧之全。由父母到子女，那是由上到下的一線，那是由無始通到永恒的一線；由兄姊到弟妹的一線，那是從左到右的一線，那是由中心分向無限的一線。就這樣已盡足構成了一個大十字。而這一大十字的穆穆綿綿，便是祖先之志；這一大十字的生生化化，便是夫婦之情；這一大十字的推廣彌縫，便是朋友之交；這一大十字的貞定架構，便是君臣之義，即亦上下之義，主從之義，與夫一與多之義，統一與變化之義；這不僅是人類人群組織之義，亦且爲一切美的事物組成之義。

我們由穆穆綿綿裏有了個體，我們由生生化化裏有了家庭，我們由推廣彌縫裏有了社會，我們由貞定架構裏有了國家。所有這些，再加上「愛你的鄰人」之義，這才顯現了無比而絕對的莊嚴。我們在大山頭望到天上的雲影，再回頭望望一己的本身，就會了解著什麼是人之大倫。我們在深山中聽到天外的風聲，再回頭聽聽土的氣息，就會恍然於什麼是教化的大端。就這樣我們的列祖列宗曾化及遠方，化及異域。我們一方面與天地萬物為一體，我們一方面又有人禽之分；我們一方面以中國為一人，以天下為一家；我們一方面又有華夷之別；我們一方面開物成務，利用厚生而要使民菽粟如水火；我們一方面又有義利之辨。只不過我們終於是民胞物與，終於是入中國則中國之，終於是思「以美利利天下」。我們就這樣，賴我們的列祖列宗之力，又憑我們的先聖先賢之教，我們曾使萬國咸寧，而又自願以自己的國家居於天下之中。

我們的智慧，不離人倫，我們的力量，全憑教化，只不過眼面前，我們所看到的，已差不多盡是外化。而這裏的山地同胞，自居位於平地的人們看來，又像會是化外。以前我們可以化及遠方，現在竟未能化及山地；以前我們可以化及異域，現在竟未能化及國人。我們這一代的人，要怎樣才能對得住祖先，眞是一大問題。於此，我們慶幸著一些被上帝遺忘了的人們，一下子成了上帝的好兒女。於此，我們更將慶幸著一些上帝的好兒女，又能一旦進而為仲尼之徒。我看到了一些上帝最為關懷的老家人在這裏，我深深感覺到，這裏是更應該在我們固有的人倫教化之內。

我一面想著，一面走著，不覺就到了廬山。這裏的廬山，並沒有使我想起了我家鄉江西廬山。兩者全不相似，不知何故同名。我們到達了廬山部落裏以後，曾立即把那物資購銷處一位女山胞所賣的花生米，一下子全部買光吃光。大家走得疲乏，更走得肚餓。物資購銷處的一旁是一所國民學校的大操場，斜對面處，又是一個大教堂，那是長老會的教堂。由教堂下去就是山胞的部落。這時部落裏的茅屋，已冒出了炊煙，山頭暝色漸至。我們再爬到一個高坡，和警所的人員，談了一些有關園藝的事以後，就一直下坡。自廬山山頭至廬山山谷，取道小徑而行，距離較近。途中碰到不少的男女山胞背著大布包，布包裏面都是墾區裏採折下來的一穗一穗的小米。大家見面，彼此都打招呼，大家望望然而去的事，在大都市會經常看到，但在這大山中卻未嘗看到。「禮失而求諸野」，你能說山胞不是全人類希望寄託的新場所嗎？

歸途中，我看到了一件放置在山徑旁的東西，上面做了一點記號。起初我以爲是山胞遺失了的，後來臺灣的同學告訴我，那是山胞特地放置在那裏的，只要有一個記號，任何人們在任何時候，都不會拿走。他們從這一個大山頭跑到那一個大山頭，總常常是把東西放置在野外，免得拿去拿回。他們彼此之間，是信義卓著的。我於是又想起了由智慧之頂歸到德慧之全的一條直達的路。在廬山、平和、靜觀一帶，完全沒有水田，但天光雲影在那裏徘徊著，水聲風聲在那裏鼓盪著。未來的富庶，儘可不必來自水田，而全憑一種德慧。

10. 瑞巖的舞會

我們之中，又病了一個，那是一位臺灣同學。大家很怕他是害著盲腸炎，但又無法不離開廬山溫泉回到霧社去，只有在霧社還可能找到醫生。

幾位同學扶著病了的同學慢慢走，我又是帶著一部分人先行了。

到春陽的路上，我找到了一些塞爾維亞花，這大概是以前日本人遺下的種子，但現在已轉成了一種野生狀態，變作了一種野草閒花，生長在路旁邊傾斜的土坡間，紅得很透，別有情趣。

春陽的大教堂，從很遠處就可以看見。到春陽的山地部落裏去，要爬一個土坡。一直上去，也是房屋排列在兩旁，教堂則在那一山坡的前端，十字架設置在一個用洋鐵皮作成的尖形屋頂之上，炫人眼目。

我們在那裏曾拜訪著村長的家。村長不在，家裏也沒有其他的人，但大門洞開著。

房子是新蓋的，裏面有沙發，也像有收音機。掛了一些畫，很雅潔。

由村長的家上行數十步便是國民學校。小學生正在運動遊嬉，我們替他們照了像，他們玩得更起勁。一位主任老師姓葉，是我的同鄉，江西人，我會在這深山中遇到同鄉，眞是大大的出乎意料之外。他的老家距離我的老家還並不很遠。我說出了我的姓名，他竟早就聽到了，而且還知道我曾多年潛居在鵝湖。我們一見之下，眞是驚喜著。

春陽的山地部落有一部分是散住在另一個山坡，中間隔了一個小山谷。

我們一部分人由春陽的這一山坡走到另一山坡時，經過了一個墓地。那墓地裏建築著一個水泥做的石碑。我起初以爲是葬埋著日本人的墓地，因爲那是日本人留下來的，必和霧社事變有著關係。當我特別帶了幾位同學越過圍籬，跑進荒草離離的墓地，看著碑文時，我才知道被埋葬著的還是山胞。碑文寫的是櫻花社的死難者，其實大家都知道他們是如何死的山地人。而爲了要做一點表面，就建立了一個那樣的碑。墓只是一些土堆，有的插上一塊木牌，凄涼極了。墓地位於谷口，谷風吹來時，像是陰風吹來。

山地同胞死了時，據說棺木也不用，就埋入土裏。而在以往，還據說是死在床上，就把屍身埋在床底下，用一塊石板壓在上面。房子較現時更爲矮小，有點像地窖，再加以死人活人都一起在裏面，看去會有如一大坟墓。他們生得簡單，也死得簡單，生與死的距離，並不去誇大著。於是生在他們是常事，死在他們也是常事。現在他們受了平地的影響，把生與死的距離接遠了一點了。他們也把死人埋在屋外，埋在野外。但他們對生命的本身的看法，仍有其不甚相同的看法。這在春陽，最近發生了一件事，足以說明。有一位山地青年，結婚不久，被徵去受軍訓，但因身體不合格，被遣了回家。新婚的夫人說了一聲他的身體不強壯，他便當晚上吊自殺了。報紙上登載這件事，說是眞實的原因還在調查中，其實那並沒有其他的原因。不了解他們對生命的看法，你不會了解他們的心情，從而你更不會了解他們的舉止。一些事情，在居住在平地的人們以爲是繁複的，他們都一律給它簡單化了。一個人總常常是焦思苦慮著許多事。這照耶穌看來「不可少的只有一件事」，但在山地同胞的心目中，則連一件事都沒有。這會是如何的簡單化？

我參拜了山地同胞的墓塋，我深深感到生命在那裏埋沒著，我又深深感到智慧在那裏埋沒著。

春陽的地方眞好，前面是一個深谷，谷底雖是濁水溪，但遠遠看去，水完全是清的。後面是一座大山，大山之後又是大山。那一日，我們到達著春陽時，天氣正好得很，太陽也很大。在那裏看霧社看得清清楚楚。春陽的人們除了上學的孩子們以外，我們在那一日只遇到一位，大約是三十歲左右。他指點著我們去看看他們所栽種的果樹。一些蔬菜和花卉我們也調查了一下。春陽的房屋也正在急劇地由茅屋改建著瓦屋，四周的環境，打掃得比盧山、平和與靜觀一帶似乎還要乾淨。衛生所也是新蓋的。部落裏的人家較盧山多得多，這是因爲那盧山的部落被以前的日本人遷走了。在盧山至那靜觀一帶，我似乎看到了一種人類的全新的希望，而在春陽我又差不多分明看到了一種人類的全新的氣象。

回到了霧社，把病了的一位同學，送去霧社衛生所。那裏有好幾間病房，於是我更指派了另一位沒有病的山東同學也住在那裏，去招扶病了的臺灣同學。大家爲了病同學的事，又曾商談了許久。有的主張一直送到平地去，他們以爲若是盲腸炎，一定要開刀，山地是不能開刀的。但我以爲既已勉強扶來到霧社，就是要送到平地，也需得先休息一下，且先去衛生所找醫生看一看再說。後來醫生看了，認爲如果沒有其他的變化，就可以不必遠送，只是需得有一親人去照料，這就是我要沒有病的同學，也住到那裏的原因。我們第二天一早要去瑞巖，這瑞巖和紅香、翠巒、望洋一帶是在一條線上。那是另一條線，位置在次高山旁，一路最不易走。我們預定要步行三天，宿兩晚，才能回到霧社。我一再囑付那招扶病人的同學，要他隨時準備，若病人一有變化，就一面打電報給他家中，一面送他去埔里醫院，好得霧社至埔里有汽車可行，同時又有電報局，一切還方便。我隨又派一位福建同學去埔里交涉一輛車子，交涉以後，仍回霧社來。

於是我們的一行，除了三位同學，另外還有一位先生臨時因足疾又未同來，所以只剩下二十人了。

仍然是僱了一批男女山胞替我們背了被蓋等物。平地這時是炎夏，霧社這時是深秋，而瑞巖一帶，我們則準備著是到了冬天，所以衣服都帶了不少。我們跟著山胞走，地方有了變化，天氣有了變化，山川有了變化，我們一己也有了變化：第一我們的心情簡單得連一草一木都可以為伍，同學們有的本需要補考，但也把這事忘掉了，第二，我們的生活簡單得連泥土裏都可以臥倒，而我個人因失了毛巾，就用一塊小手帕洗臉，也一直洗到下山之日。一切是自己來，衣服也是自己洗。每到一個地方停下來，我們第一件事，是把汗濕透了的衣服脫下。洗了馬上就曬，準備下次穿。吃便當時，只要有一個鹽鴨蛋，我們就異常滿足。我便當裏有時剩下了一點飯，我總是拿去餵著山地同胞的豬和雞。一粒飯，在山地眞是稀有，但我終於不好意思把剩下的一點飯，送給山地的孩子。為了這些孩子，我這一次已是特別帶了一點糖果來。

山地姑娘背行李，走到懸崖邊，我總是吃一驚。但她們總是輕易地過去了。這次我們去廬山一帶經過了霧社，去瑞巖一帶又是從霧社出發。當我們穿過了霧社衛生所旁邊的一個山頭和山頭上的一股松林以後，我們就不斷的遇到懸崖。

但更難走的還是斷崖。我們這次步行於大山中，雖然沒有遇到下雨，只不過以前的大雨，讓山崩之處，仍是濕得難堪。在山地下雨時的濕，還並不怎麼滑，可是大雨後的濕，卻滑得不得了。斷崖處，就是山崩處，而山崩處，就常常是我們滑倒處。我們感謝蒼天，我們還沒有一個滑到斷崖之下。斷崖之下，是深谷。大樹在谷中，我們俯視著樹頂，連樹頂也像是深淵。山地男女卻不怕滑，他們一下就過去了。我們一個扶著一個，又都拿了手杖撐持著。兩位伙夫這時需得跟著我們走，因為在瑞巖一帶都需要自己燒著飯，不去是不行的。有一位伙夫還好，可以跟得上。但另一位伙夫，帶了一點罐頭，只因為一滑倒，人雖被拉住，但罐頭卻一直滑下去，到了深谷之中。

到瑞巖去的斷崖，比較到佳陽去的斷崖，雖然沒有那麼多，也沒有那麼險，但是有一個斷崖卻古怪得很。那原來是一個懸崖，為了這一個懸崖，不能過，所以搭上了一個長橋，懸崖之上還有一股瀑布，瀑布下來之後，也通過著那一長橋，而流入到深谷裏。這時崖斷了，橋也斷了，瀑布的水四濺著。於是我們由那裏下到深谷，過一條水，又由深谷中爬了上來。這麼一上一下，下去十分不易，上來一樣艱難。加之上下都因那瀑布四濺著的水，滑得不堪，我們好容易想盡方法，又盡了全力，才算是過去了。我們大家都慶幸著。可是慶幸著的倒不是我們自己的平安，而是這次沒有女先生和女同學，加入我們的隊伍。只不過山地姑娘們，背著我們的行李，卻有時走在我們的前面，有時走在我們的後頭，又有時走在我們的中間。我們雖不必擔心著她們，而她們卻總似乎對我們擔心著。

我們爬了好幾個山頭，但回頭仍然看見霧社。我們所爬的山頭愈來愈高，而霧社所在地的那個山頭，卻愈來愈低，愈低愈小。到此，我們方知道萬壑千山都像是跟了我們來。但當我們抬頭一看時，我們依然是徒行於一山頭之下，而且一個山頭，又一個山頭，橫亙在我們的面前。

我們時常問著瑞巖在哪裏？從霧社到瑞巖，原只有二十幾個公里，這在平地走來，也算不了什麼。但在這裏是不斷的爬著高山，又爬著峻嶺。看腳底下的萬壑千山跟了來，我們氣壯著。而看眼面前的千山萬嶺層積著，我們又氣喘了。終於山胞們告訴我們已到了分界嶺，要我們歇一下。

這分界嶺，是一個高高的嶺，我在那裏立著，眞是高高山頂立。我立看著遠遠又是一座大山。我在那裏坐著，眞是高高山頂坐，我坐看著那一帶還有山地同胞的墾區，墾區裏正種了一些小米。

這一次我們要跟著山地姑娘們一直行下去。行到一個深深的大谷中，又要再爬到那遠遠的一座大山頂。據說在那一大山頂之後，就是瑞巖了。我們到分界嶺，算是走了一半路。我們本應該在那裏吃便當，但分界嶺是光光的，沒有一點樹木，這時日正當中，而我們也正是汗流遍體，我們決定還是下到前面一點的樹林中去。

大谷中大都是大樹林。當我們自以爲是行到谷底時，我們看看我們的一側，依然是一個大壑，而我們實在是行走在懸崖邊。我們在樹林中看不到遠遠的高山，卻隱約看到了深深的大壑。樹林中有風聲，大壑中也傳來了風聲。但風聲卻似毫無去處，在大谷中，一些風聲，竟是走漏不了。

我們的一行，有兩位同學走在最前面，但也有一些人，這時還沒有行到谷中。我們一部分人在谷中走，又在谷中的懸崖邊走，更在谷中懸崖邊的樹林中走。當走出了一個樹林時，另一個樹林又在我們的腳底。我們由一個樹林，溜下到另一個樹林；同樣由一個懸崖，溜下到另一個懸崖。樹林中的風聲，愈來愈甚，而崖邊大壑中傳來的風聲，也愈來愈近。終於我們在樹林中聞到了水聲，終於我們在樹林外見到了溪水。於是我們到了谷底，我們是在深深的谷底行。

我們行到溪邊，又沿溪水逆流而行。溪水眞是清，溪聲眞是大。那清溪之水，與巨石相衝擊，其勢也眞是猛。清溪上，有一座又是很長很窄的吊橋。我們到了橋頭，休息了一會，坐下了，我們是在深深的谷底坐。

我們深深谷底行，我們的心思，隨水聲而俱遠；我們深深谷底坐，我們的心思，隨山頭而俱高。我們行著，我們俯視溪水。我們坐著，我們仰見高山。這時是我們在深深谷底行，又有誰在高高山頂立？這時是我們在深深谷底坐，又有誰在高高山頂眠？當人們落下時，人們會更想到昇騰，現在我們這一行，自會更想到極度的昇騰。而且我們這一行，還會代表著我們這一代。

究竟誰是高高山頂立？

究竟誰是深深谷底行？

究竟誰是從樹林中出？

究竟誰是深山大壑裏的人？

我們曾在高高山頂坐，我們會有如禪師們所說的「獨坐大雄峰」。我們又在深深谷底坐，我們更像是童話裏所載的「獨坐蓮葉中」。

究竟什麼是獨坐大雄峰？

究竟什麼是獨坐蓮葉中？

究竟什麼是從樹林中出？

究竟什麼是深山大壑裏的風？

我想到世世代代的人，我又想世世代代的風，人一代一代的來，風一陣一陣地去。有極度的落下，必有極度的升起。山高月小，水落石出，風起雲湧，人去我來。這會是平平淡淡，毫沒有什麼稀奇。

我們度過危橋，到了溪水的一岸。

我們又開始爬山了，我們漸漸的升起來。

我們又回頭看看溪水的彼岸，和溪水彼岸的樹林。我們一層一層的升起，那裏的樹林，也就一層一層地給我們看一個清楚了。

等我們爬到了大山頭，回頭看看我們來時的分界嶺，那原是一個低處，用力去看，也看不分明了。

只是向前一觀，瑞巖在我們的眼底。那裏很有一些人家，是一個山地的大部落。那裏的場面也頗好。

我們再在那大山頭，四處觀看，我們眞想在那一帶，有一個花果山。如其調查得沒有，我們似乎也應該根據我們山地園藝資源調查隊的調查目的，去設法和山地同胞們共同造成一個花果山。我們想：在花果山中，山胞就不同了，而山地姑娘就更不同了。等我們重來時，我們也會不同了。

快到瑞巖時，我們還經過了一個山地檢查站，那正好是我們一直爬，爬了很久以後的一個很好的休息處。由那裏起，我們走了一點比較平坦的路，但仍是走到了下面又得爬到上面去。

最後我們是分兩路進入了瑞巖。瑞巖的部落分成了兩段，一段在一個山坡上面，一段在那個山坡下面，我們都看不出那一段是可以給我們住宿的地方。於是我便帶了幾位同學朝下段走，那一段的山路還比較大一點。另幾位先生和同學由上而走，走的一條較小的路，那是先到上一段部落裏頭去的。

當我們到達了我們的住宿處時，另一路的師生也到了，還有兩位最先到達的同學在那裏等著我們。我們住的地方是國民學校內，前面有一個大操場，操場一側是一排一排的茅屋，那是上一段部落，也是主要的部落，比較下一段的人家要多。

替我們背行李的山地男女同胞一共有七個人。有的背得多，有的背得少，我們等他們到齊了以後，照所背的東西多少，給著工資，大家都快樂得很。有一位同學用日語對他們說：要晚上開會，他們就馬上答應晚上要來跳舞。於是我們也只好準備了。

其實我們是因爲第二天一早就要去紅香、翠巒和望洋一帶去調查，調查完畢以後，又需要回到瑞巖食宿，所以我們出發前，又需得開會決定分爲兩隊：一隊是翠巒隊，調查紅香和翠巒，一隊是望洋隊，一直去望洋調查。現在山胞們既然答應來跳舞，我們於是提前開了我們自己的會。但他們竟也有的先來了，圍在我們的周圍，來看我們討論著次一日的行程和各人志願參加著各人的隊伍。

我們在燭光下開會，開會的地點是在警察派出所的辦公室內。

我們又在燭光下跳舞，跳舞的地點是在國民學校的一個教室裏。

山地同胞，男男女女，漸來漸多。我先要幾位同學在那教室裏去招呼他們，又要幾位同學做著其他的準備。隨後他們越來越多，越多越鬧，在那一教室內，簡直是鬧得熱烘烘，教室外面也站滿了人。當我擠進去以後，我帶了幾包糖果，我隨即先向一些山地孩子們分別發給著糖果，山地姑娘們，我也分贈著，可是她們卻不好意思接受，有的接受了，也不吃，或是轉送著孩子們。我這樣把糖果一分，大家更起勁了。越興奮，越吵鬧，越吵鬧。越興奮。隨後我又要我的學生分送著香菸給山地裏的成年男女，每人一支。男的一接到便抽，可是女的卻把它接去收藏起來。我後來才聽人家說：山地的女人是很少抽菸的。

有一位替我們背行李的山地姑娘，首先跳舞，於是大家一下子靜下來。她一面跳，一面歌唱著，那不是山地舞，也不是山地歌。那是她從平地人那裏學來的。這在山地同胞看來，聽來很起勁，但在我們看來聽來，卻很可惜，那眞是何苦要學來？

接著又是山地裏的時髦歌，山地裏的時髦舞，由幾位山地裏的時髦人，在那裏去一顯身手。

終於眞正的山地歌舞來到了，幾位山地姑娘一面歌一面舞，而坐在四周的臉畫藍紋的老太婆，也跟著歌唱。舞是那麼單純，歌也是那麼單純。可是在這單純裏卻絕對不單調，而只是使你感覺到十分親切，十分眞誠。那一下子把我帶入了另一個世界，這世界不是神話世界，也不是童話世界。我實在說不出是一個什麼世界，但總覺得有這麼一個世界，有一點像神話，又有一點像童話。這使我感覺到異樣的清新，又使我頓起了無窮的幻想。

山地同胞歌舞會的禮節是：她們來一次，我們之中，也得有人來一次，或歌或舞，以為酬答，於是我們也只好酬答著。我的學生們很有些能夠唱歌的。英文歌、日文歌和一些流行歌曲以至山歌小調，都能夠唱。如此一來，當晚的歌舞就更熱鬧了。

山地姑娘們曾經唱了好幾首歌，跳了好幾種舞。有一次她們歌舞完畢，大家走來我面前，向我一鞠躬，意思是要我也來唱一個歌。這是她們的禮節，我若是不唱，就是失禮，於是我只好勉強把二十年前學來的法文歌，唱了幾句。我唱著那樣的法文歌，我自己也覺得好笑，我也不免是平地裏的時髦人，唱不出本地的歌來，竟去唱著外方的歌。只是山胞們竟也喜歡著這樣的時髦，這像滿足了她們的域外情調。

末了是一個大圓舞，全體都需得參加，我也參加了，這使我們成了她們的一群，我們是眞正的山地化了。

要不是明天我們一早就要去望洋一帶，我們的舞會，可能繼續很久。我們對當日爬山越嶺的疲勞，都已全部恢復了。我們都希望能夠還有這樣的機會。我細細想來，山地歌舞實在表現了她們的團體性，又表現了她們的生活與工作上一種特別的心情。在那種心情裏，人們會很清楚地聽出了又看出了她們的苦惱，也會很清楚地聽出了又看出了她們的歡欣。而且這苦惱是一種極度簡單化了的苦惱，這歡欣也是一種極度簡單化了的歡欣。因此便大大的具備了一種恢復疲勞的大作用。像這樣的歌舞，實在是需要的，而且在這樣的歌舞裏，我還似乎很清楚地看出了一種人類的新的前程。

舞會終了，我們秉燭而回。而山地同胞，男男女女，老老少少，則大都手中高舉著一條條有著松香油的馬尾松片，點燃著火光，嘰哩咕哩的笑談而歸。在深深的黑夜裏，看那一點一點的松火，由近而遠，散入人家，那眞有點像是星散了。

11. 望洋一宿

我們在環山爲跳蚤所苦，已是苦得不得了，以致冒雨於有勝來去後，更冒雨跑回到佳陽。可是昨晚在瑞巖，我們在一個夜舞會之後，好容易一下子把整天的極度疲勞，全部恢復了，竟不料不僅爲跳蚤所苦，更爲牛群所苦。

瑞巖的山胞利用山地裏的野草，特別養了一群牛。晚上牛群分別從各個山頭回來了，山胞的茅屋既小，也談不到蓋什麼牛舍。於是一群牛便只好在那村落裏的空地上安著身。卻好我們的住處前面是一個大操場，旁邊又有一個積水池，左右和後面又有些空地。於是牛兒們一方面在我們的四周走來走去。一方面又因吃了一天的草，沒有吃鹽，便爭吃著那積水池裏的鹹水。深山之夜，那是靜極了，這便使那牛行像都市裡的汽車走，牛鳴像平地裏的火車叫。如此聽來，已夠驚心。但有時候，牛兒們還走近我們的住處，觸著我們的門窗。更有時候，牠們彼此還鬥了起來，這眞使我們膽震。怎麼樣也難入睡。

我們在瑞巖，整夜裏除了遭遇著那樣的外患，不能入睡以外，我們整夜裏又具備著無窮的內憂。跳蚤簡直是和在環山一個樣，但在環山我們沒有受到外面的威脅，可以一心對付著他們。現在他們既獲得了一批大盟國，像已締結了雙邊協定似的夾攻著我們，我們又如何能夠對付得了？

一早起來，我套用了一個英國兒童笑話去問一位同學道：

「牛和跳蚤，有什麼分別？」

那同學不能回答，於是我代答了：

「牛身上有跳蚤，跳蚤身上沒有牛，這就是一個分別。」

於是我們再對那同學說：「然則我們和跳蚤有什麼分別，你就應該知道了。」

接著我再問道：

「是跳蚤不如牛，還是牛不如跳蚤？」

那同學不能答，我又戲答道：

「跳蚤可吃牛的血，牛不能吃跳蚤的血，所以跳蚤勝過牛。」

由此我更對同學嘆息道：

「可見我們也不如跳蚤了。」

昨夜的世界，已是一個跳蚤的世界，牛群想進入住宅，去攻擊牠們是不行的。所以我們也只好讓一讓。眞不料跑來這裏，跳蚤們竟然還要趕上來。我這樣說了，那同學便笑了。

瑞嚴的人們一早見了我們，都以稀奇的眼光來看著我們，竟好像知道我們是從跳蚤的世界裏來。

有一位山地姑娘，見了我們就向自己的茅屋裏鑽，看她那一個後影，眞是夠健壯又夠美麗。我立在一個小水池旁，等了一會，她仍是不出來。於是我們就在那個小水池裏洗臉了。

有兩位山地婦人，穿著一件薄衫，面對面地在那裏互舂著小米，預備當天吃。她們一面哼著，一面舂著，滿頭是汗。我們也立在旁邊看著。她們停了一下，笑了一笑，還說道：「摩呵外衣斯。」爲了昨晚的舞會，大家見面，竟都像是很熟悉了。

我們原是分成了兩隊，一隊是翠巒隊，一隊是望洋隊，但今天我們又多分出了一隊，那叫做全程隊，就是既要去紅香和翠巒，又要去望洋，這樣把整個路線都走遍，所以名爲全程。加入全程隊的人最多，我是其中之一。

於是三隊一起離開了瑞巖，先向紅香而去。因爲出發得早，見到了不少的瑞巖山胞，在那屋前屋後，彼此打了招呼，說了一聲「衣卡卡，也達魯（再見）」，就各奔前程了。

還得過一個關卡，那是用幾根木椿做成的。上面橫置了一根很粗的樹。我們爬過那根樹，總算是走出了瑞巖。其實這關卡完全是爲了牛群；白天把牛兒們趕出關外，不讓他們「回府」。晚上又把他們趕入關內，不讓他們「別窰」，如此而已。

先是下坡，山徑小，茅草也深。隨後是上坡。我們晚上沒睡好，腳步都沉重。在瑞巖與紅香之間還過了一個吊橋。橋下面的水，好像是要一直流到眉原和中原那一帶去。吊橋長，又不甚好，黃教授更怕過。而我過吊橋時，大家都覺得我是十分安祥。我也就趁機誇說著「我是得了道」，大家愕然。

紅香，翠巒和望洋三個地方，是被分別位置在一個不等邊三角形的三個頂點上。由紅香可以直至翠巒，又可以直達望洋。而由翠巒經望洋，又可回抵紅香。由紅香至翠巒的路較達，但坡度較小，走起來不大吃力。反之，由紅香去望洋則是一直上坡，坡度極大，距離雖然小一點，但走起來就艱苦多了。我們到了紅香以後，大家重新集合著，商談了一會。於是望洋隊就全部歸併到全程隊裏去了。這是因爲大家望著望洋高高在紅香對面的大山之頂，都像是望洋興嘆，寧願先去翠巒，再由翠巒去望洋，走一點較平的路。多走一些路，大家都是全不在乎的。

在紅香我們調查了一會，紅香的山地部落個個都差不多蓋了新屋，而且都是瓦屋。雞也養得很多，孩子們的臉，似乎更好看。我們又見到一位山地老婆婆在那水溝裏洗衣服，雖是臉上畫的藍色紋，但是慈祥得很。其他的人也都做工去了。那裏有不少的水田，所以那裏也很富庶。那裏的景色眞是好，附近還有一個溫泉，現在正在那溫泉旁蓋著招待所，馬上就要開發了。溫泉旁有一股急流，急流成溪，溪上也是一個長吊橋，那溪水應該可以發電。四周的山更是好。我想紅香，有了水田，已經不錯，何況又加上溫泉？像這樣的水田與溫泉之鄉，若再加上水電與花果山，會眞是一個美妙的處所。我們在紅香流連了一回，當我們由紅香出發時，有兩位原本是全程隊的同學，一位頭忽然痛，另一位腳實在走不動，因此只好留在紅香。我們這時除了兩位伙夫留在瑞巖外，又減少了兩個。

由紅香到翠巒的路，雖然是比較去望洋的路，坡度要小一點，但仍是夠你去爬了又爬。翠巒和望洋一帶，已都算是十分接近了次高山。在到達翠巒之前，給我們爬著的自然是有山頂，而給我們過著的也依然是有吊橋。我不知怎樣，在那山頂上，總想到西奈山，想到一種超越的形態，而在那吊橋旁，又想到一些菩提樹，想到一種解脫的神情。因此我想到耶穌基督，又想到釋迦牟尼。從耶穌說，在那高高的山頂上，人總得由零歸於一，即由什麼都沒有，而歸於上帝。所以是「不要怕，只要信」。由釋迦牟尼來說，在那長長的吊橋上，人總得到那邊去，解脫這一個吊橋似的「一」，而歸於零，即歸於涅槃。只不過當我把山頭也看得平平時，當我過吊橋也走得安安時，我便又覺得隨地是一平滿，隨處是一圓滿，就這樣我更想起了尼山，想起了仁者，想起了夫子。我私自問道：這世界可否由兩面去合製呢？一面是釋迦，耶穌，孔夫子，一面是稻田，水電，花果山！我又獨自地想：昨夜我們從跳蚤的世界裏混了一晚，明天我們可要向更好的世界走一場。

於是我們走到了翠巒。而我的小詩也就成了這樣：

釋迦，耶穌，孔夫子

水電，水田，花果山

兩面合成一世界，

應無跳蚤到層巒。

翠巒，我們原以爲是在層巒之上。到了時，我們方知仍是在層巒之間，而且還是在一個懸崖之旁。我們從懸崖之旁行去，再右轉一個彎，就到達那裏的派出所。我們在很遠的地方，就看到一面國旗飄揚在大山中，隨後我們看到一個山地部落。於是我們知道國旗之下是派出所，派出所之下是翠巒。那裏的人家和紅香不相上下，但都是靠小米和地瓜生活著。在那裏有一個大壑，大壑裏也有一股溪水。風聲自遠而至，我四顧怡然。在那裏也頗有一些果樹，又頗有一些花草。

我們在那裏很意外地又遇到了一位熟悉的山地姑娘。她住在派出所旁邊，常常幫忙派出所做一點雜事。她是昨天從霧社回到家裏，她曾經因回家之便，替我們背了一點行李。背到了瑞巖以後，她把行李放下，就連夜趕回了翠巒。她們就是在夜間行走於層巒之中，也有如平地，而且用不著燈光，又不靠月亮，盡是摸著走。我們在派出所休息了一會，在休息的時候，那位認識我們的山地姑娘，還特別燒了幾盆熱水給我們洗手洗臉。我們在山地到這時已是一連走了差不多一個月，得到了熱水洗手洗臉，這還是第一次。用慣了山泉的人們，一旦獲得了熱水，那眞是一個絕大的享受。

我們又在那派出所吃著便當，作爲午餐。那位替我們背行李的山地姑娘，又給我們泡了一壺熱茶。喝光了，又再來了一壺。她總是對我們笑，她有兩位小弟弟在她身旁，另外還有兩位山地姑娘在她一塊，很像是姊妹，其實是鄰居。隨後她們和孩子們都和我們熟悉了。她們對我們，不知何故，竟是那麼親切！山中女兒，深藏在山中，她們當然不會知道：我們有的雖是臺灣的所謂平地人，但也有的是從江南來，有的是從海南來，更有的是從天南地北來。我們這從四面八方湊合在一起的一群人，一下子來到山中，全山中都感到突然，山中的女兒自然也會感到突然，只不過這突然的親切，終歸是我們所想不到的。

我們離別了翠巒，仍然從一懸崖邊彎過去，再走下一個山頭，走到一條溪水邊，過的又是吊橋。在吊橋的另一端，我們又向一山頭一直爬上去。回頭看到翠巒，翠巒竟像是高懸著。我又不知不覺地向翠巒招手了。轉過一個山頭時，再抬頭一望，又望到了望洋。望洋是平地人給的名稱，這裏的山地同胞大都仍然是喜歡叫望洋叫「麻栗巴」。這麻栗巴看來眞會是別有天地，別有人間。望去像一個深山裏的半島，又像一個大壑裏的停舟。我們沿著一個大山山腰間走，望洋就在對面一個突出於深山大壑裏的斜山頭。我們無法一直到望洋，因爲那一弧形環繞著望洋的大壑和大壑中的澗水，如其是山風吹來了一陣雲霧，就簡直是一個海洋。這裏成了兩岸，望洋是在彼岸。我們需得在與望洋相對的一岸，一直沿著懸崖峭壁而行。當我們不斷的行進時，看起來，麻栗巴反而離開我們越來越遠。望洋是在彼岸的盡頭，而我們的行進是要直抵兩山靠緊處，再由那裏過一個十分長而又十分高懸著的吊橋，轉而循著另一個大山腰而行，才算是對著望洋走，越走越近。這一個大轉彎，眞是彎得遠。起初望洋和我們隔一個大壑，面對面。接著望洋落在我們的後頭。要我們不斷的回頭側著望。更有一個很長的時候，望洋反而越走越望不見，直到過了吊橋，在望洋的一岸走，走了很久，才重新又望到了望洋。這時望洋就距離我們不甚遠了。

我們在兩座大山間，走得頗爲零零落落，當我走到這一邊山腰時，看看那一邊山腰間的同伴，在懸崖之上，身臨不測之淵，竟正朝向和我相反的方向，踽踽而行。於是我大叫了幾聲，接著他們也就大叫了幾聲，以相唱和。

望洋的部落，像是山地同胞裏一個最大的部落。在山地一說到麻栗巴，大家差不多都知道。麻栗巴會是山地同胞心目中的一個勝地。在那裏一邊可以到靜觀、平和一帶，一邊又可以去佳陽、梨山和環山一帶。他們不僅有親戚在靜觀與平和等處，而且還有親戚在佳陽，在梨山，在環山。因此他們要常常去那一帶來往著。那一帶的山徑當然更險更難走，但這在他們，終究是不算什麼一回事。這一帶的山胞以及和平鄉、仁愛鄉兩鄉的全部山胞，都算是同一族。言語相同，臉紋相同，其他各方面，也沒有什麼不同。在以往，他們結婚時，總是新郎背著新娘走。背的方法是：先背一把小木椅，讓新娘坐在木椅上，如此一來，便一個面向南，又一個面向北了。他們那一族是叫做泰耶魯族。

望洋的房屋，也大都是以茅爲頂，一排一排的排列在一個山頭上，更沿著一個山坡，自上而下排列下來，和其他部落一樣，都是很整齊的。屋前屋後以及房子裏面都打掃得乾乾淨淨。山頭上還有一塊大平地，很像霧社的運動場。在那一大平地上，你可以望到無數的山和無數的壑。你更可以俯視那弧形環繞著麻栗巴的大壑。當你再抬頭一望時，你又分明看到了北合歡山。在那北合歡山之頂，以前還有一個石原公園。那是日本人計畫著要建立的國立公園。在公園裏還蓋了一些日本式的房子，並且還種了一些蘋果。不過在光復時，這一帶的山地同胞因爲恨日本人恨透了，所以連日本人所蓋的房子都把它拆毀了。只蘋果樹現在還殘存了一些。蘋果熟時，這裏的山胞就爬到北合歡山去吃。在北合歡山上，據說可以望到太平洋，那又是一番風景。望洋，翠巒，紅香，瑞巖一帶的山胞都參加了霧社事變，但他們目前都不願提起它。

我們將要上到那一塊平地時，望洋有一批孩子跑來迎接我們，向我們說：「先生，好。」他們都是國民學校裏的學生，國語都說得很好。我事先已準備了一些糖果，於是我便每一個孩子給了兩粒糖，他們和她們都高興得跳起來，於是向前引導著我們走。

我們走到平地，向右側而行，再爬了一些石級，就到了派出所。下面是國民學校。

國旗在那裏飄揚著，在深山中又在大山頭，把國旗高高掛起，這眞是爲河山生色，爲天地生色。這大可印證著：一個不朽的國土裏，有不朽的人民；一個不朽的人民裏，有不朽的人物，從而萬物生焉，寶藏興焉，天地變化，草木繁茂，歷史與文化，更從而不朽，讓無窮的世代，感到歡欣，並感到心有所主，身有所靠。

我們走進了派出所，我們方知道派出所已經早得到了我們要來到麻栗巴的消息。準備好了的茶水給我們喝，準備好了的地瓜給我們吃。另外還準備一盆豐盛的湯，在那湯裏面更放了一些山地的特產——香菇。這眞是人間的至味。我們以前儘管常常吃著香菇，也曾吃過地瓜，但那裏能夠眞正的領略著這麼樣的一種滋味。又有一批孩子們跑了上來，我又分贈了一些糖果，於是他們回到那一大平地上跳躍著。

看看已是半個下午了，我們的一行人，也都到齊了，一共是十二人。這就是我們的全程隊。全程隊到翠巒時，增添了幾個先生和學生，這使原來的翠巒隊只剩下了一位彭先生和三位同學。他們等我們離開了翠巒後，就在翠巒再調查了一會，隨後一直回到紅香，再和留在紅香的一位頭痛一位腳痛的同學，一同回到了瑞巖。

我們這十二位師生所組成的全程隊，到望洋後原打算調查了一會，馬上就要趕回到瑞巖去住宿的。由望洋下到紅香是下坡，那走起來是很痛快的。只不過第一、我是感覺得望洋太好了，第二、派出所的人們又說他們那宿舍裏可以住宿一些人。於是我就宣說著：有願意留宿在望洋的可以留下來。結果只有黃教授一個人願意立即回瑞巖。但他也不是不想留在望洋，只因爲我們的日程，是排定明日就要到霧社。由望洋一天趕到霧社去，在黃教授本來可以走得了。不過因爲有了好幾個吊橋，要讓他慢慢的走，使他感覺到怕趕不上我們，所以他決定先走到瑞巖宿，明日再由瑞巖走，就要從容得多。臨別時，我要嚮導陪著他走，我說：他眞是望洋興嘆了。那是因爲他回頭向我們招了手。

望洋之旁，還有一個小部落。我們到了望洋都很起勁，因爲決定在那裏宿，就索性再走幾公里，先去調查那一個小部落。在那裏我們看到蘋果，又看到了長得很好的梨。一路上我們還看到了一些野生的時計果，正開著花。回到望洋時，已近黃昏。在黃昏時候，我更四顧於那一大平地之上。我問山胞：是不是由於這裏可以望到海洋，所以叫做望洋？那一山胞是那裏的村總幹事，人很高大，蓄短鬚，眼深陷，鼻隆然，態度安詳。有一位同學暗地對我說他有點像照片上的耶穌模樣。他回答道：那只是從這裏望去，望到千千萬萬的山，又望到千千萬萬的山頭的雲，很有點像大海，所以才被稱爲望洋。他這樣一說，我便恍然於一己在那平地上，竟像是在那大海裏的孤島上。

我四顧茫然，我又四顧愴然。薄幕之下，山風吹來，我回首更佇望著那北合歡山。

山頭已是有幾個星，在那裏眨著眼。我對那村總幹事說：到那北合歡山像是很近。他說要到那裏去，你又得爬一天。我暗暗想：爬著爬著，不斷的爬著吧。世人們像已陷入深淵裏。人不陷入深淵裏，總是不會爬著爬著直爬到山頭的。但爬到一個山頭，又一個山頭，那千千萬萬的山頭，也就大夠人去爬著爬著了。那北合歡山的山頭，總像是很近了，但是夜也臨近了，明天一早，我又得向霧社去。我於是再仔細地看了看那村總幹事的相，我更仰望著天空。

天空已滿是星星。我能歸到何處呢？我就眞不能一躍而抵達北合歡山了嗎？在那裏，我要望望太平洋。我更要望望大陸，望望我那七十四年中就吃了四十幾年長素的慈祥的老母，還要望望我亡父亡姊的新墳。這原是不可以望見的，在那北合歡山上又怎樣能夠望見呢？只不過當一個人走入深淵時，他總得向上爬。當爬到最高處時，他總得向遠望。而當望到望不見時，就夢見了。在大陸上，「跳蚤而今做了大官了」。它像吃著上帝的血，但上帝卻未吃它的血，因此，它自以爲勝過上帝。這使我又看了一看那村總幹事的相，我幾乎更要問著他：「你在天上的父呢？」

那一塊大平地，據說是山胞們自己用人力剷平的。那本是山頭上的一座小山頭。在那平地的另一側，即和派出所相對的另一端，有一個大山坡。在那平地的左下方，即我們從翠巒來望洋時，最初望到的一面，又是一個大山坡。這兩個大山坡上，住著望洋的山胞，他們一上一下的來往著。在暗夜裏，手拿著火把，一方面會像是從天上降落著，一方面又會像是從深淵裏浮起著。當降落著的星星下到那塊平地時，當浮起著的星星上到那塊平地時，我在那塊平地之夜裏，看到一些麻栗巴的男男女女湧現著，尤其是一些麻栗巴的孩子們湧現著，眞是驚喜若狂。那裏已經至少有兩個泰山那麼高，我是高高地佇立在那一個夜空中。

那村總幹事有兩位弟弟，一位是那裏的村長，另一位弟弟是翠巒國民學校裏的教員，年紀還很輕。他是我的一位學生在普通師範學校裏的同學。因此他對我們特別關照。他在翠巒時看到了我們。以後就馬上趕回到他在望洋的家，把我們要來的消息，告訴了他的兩位哥哥。地瓜和一盆香菇湯就是他的哥哥準備的。他做村長的哥哥當天晚上還請我們到他家中吃晚飯，他的村長嫂嫂出來招待我們。晚飯的菜餚很不少，都是那村長嫂嫂一手做出的。在一張長桌子上，我們分兩排坐。村長坐在我們的右側，還有村總幹事和警員。桌上的菜餚每樣是兩份。大都是地瓜做成的。一樣的地瓜竟做成了許多種菜，這手法也就夠高明了。又有兩碗麵，那也是做著菜吃的。我們起初以爲又是吃小米，竟不料那村長嫂嫂卻親自送上了一碗一碗的白米飯來。碗盤也都是瓷的，很是講究。有兩盤山地栽植得很多的隼人瓜，弄得色香味三樣都好。我們是被當成了上客，但我們把那些隼人瓜和地瓜菜，幾乎一下子就吃光了。我們自到山地來，差不多一個月，吃這樣好的山地味，還是第一次。以後我們又到了信義箱調查山地園藝資源，費了半個月，也沒有嚐到這種眞正的山地味口。

村長家裏是在那塊大平地的下面一個山坡。房子很矮小，遠不如春陽村長的新房子。但裏面有一個臥房，鋪了榻榻米（蓆子），榻榻米上還放了一架縫衣機。窗子很大，正對著我們進去時的一塊空地。我們繞一個彎，進到村長的屋裏，就坐在長桌子兩旁，幾乎沒有一點迴旋的餘地。後面像是廚房，村長的太太送上菜飯，就是從那裏出來的。右側就是我們在外面窗口看到的臥房，左側有一排窗子，被外面的土堦遮得暗暗的。這一村長公館的結構和佳陽卡力柯的家，完全不同。山地的意味，比卡力柯那裏少了許多。

我們吃了晚飯以後，回到那一塊平地上，在暗夜中見到山間湧現著的男女和小孩。我知道他們和她們是準備了一個晚會來歡迎著我們。村長兄弟三人對我們的來到，第一是因爲有點同學之誼，第二是因爲目的在發展山地的園藝，所以認爲是一件很難得的事。而我們爲了表示我們的謝意，也送一點禮物給他們。大家眞親熱得很。

我們本來打算在那平地裏開晚會，但因爲沒有月亮，山風又大，冷得很，所以改在那國民學校的教室裏舉行著。

晚會當然又是一個歌舞會，由村長親自主持，並由村長的弟弟彈著風琴。這麼一來，比較在瑞巖時的舞會，就更熱鬧、更精彩了。

舞會進行得很有條理，布置得也很有秩序。教室的一邊排上一行坐椅，我和朱教授等坐了上賓之位，村長作著主席。四面圍坐著男女山胞，大都是坐在地面上。還有一批孩子們被擠在幾個角落上，但也有站在最前面的。另有一批大人，則站立在窗戶外，擠不進來。教室不大，而人又太多，中間勉強空了一個大圓圈，就在那大圓圈裏載歌載舞著。一盞馬燈高懸於教室之中。山胞們原來手拿著的火把吹黑了，那是要準備歌舞以後，曲終人散時再用的。在不大明亮的燈光下，首先由村長致詞，我的學生翻譯給我聽，那都是對我們表示一番熱烈歡迎的意思。在我道謝了以後，就接著唱歌，又接著跳舞。有一位山地青年唱了很多反共抗俄的歌。在山地裏反共抗俄的熱情，似乎比反日本還要熱烈。孩子們也有不少唱歌和不少跳舞的。村長有一位小女兒，今年還是小學三年級，也參加了歌舞，而且還單獨表演了一次，十分精彩，這多半靠天才，並不一定靠練習。我當即獎了一包糖果，給這小女兒，她深深向我行了一個禮。山地姑娘們又歌又舞，那更會使你聽得出神，又看得出神。

當山地姑娘們根據她們的禮節，要我的學生歌唱以後，我的學生也就應用著她們的禮節，去請她們的村長唱歌。

村長唱了一個很動聽的歌。村長的弟弟給我翻譯了，大意是說：

「明天你們一早就要走了，我給你唱一個望洋歌，也希望你們把這望洋歌帶了去。明天你們一步一步的由望洋下，經過著紅香，又經過著瑞巖，但更希望你們一步一回頭地也望一望望洋，不要忘了望洋……」

這便不僅是動聽，而且是動人了。村長唱畢，山地姑娘們接著舞。隨又按照她們的禮節，像來一個報復似的向我鞠躬，要我唱。於是我趁機先說了幾句話。第一是我很感謝他們，第二是我爲他們感動。我說我曾帶了我太太去過世界最大最好的歌劇院，即法國巴黎歌劇院（Opera），但那裏的歌，沒有這裏的親切。我又曾帶了我的親友去過世界最大最美的舞劇院，即巴黎的賦里伯奇（Fories Bergeres），但那裏的舞，沒有這裏的親切。我在這裏因爲感到親切，所以感到美，因爲感到美，所以感到好。這裏的山地歌山地舞，自我看來，已是世界最好的歌和最好的舞的一種了。接著我唱了我在小學裏所學的一首歌，那後面有一句「相親相愛手相攜」，於是我就利用了這一句歌，伸出了我的手，示意著要和全場的山地男女和孩子們一一握一握手。

這一晚，我們大家都十分感動。歌舞散場時，村長的弟弟和一位警員提著那個馬燈，送我們到一個山頭住宿。那是派出所旁邊的一個小山頭，那時是一片黑，我回頭再看看那塊大平地，那大平地裏盡是一點一點的燈火，一部分浮上那一上山坡，成了一群星，一部分又沉入了那一下山坡，更成了一群星的倒影。如此相互輝映著，輝映在我們的眼前，又牢牢輝映在我們的心裏。像這樣的一幅曲終人散、舞罷歸來時的情景，怕是世界任何一個角落裏都是不易見到的。

12. 望洋下來

天微明時，我們就起身。臉也沒有洗，就由望洋下來了。

昨晚我已和望洋的人們說好：我們因爲當天要趕去霧社，臨走時，不能告別，更不必送別。但我們一早開始由望洋只走了我們的第一步，我們依然向望洋整個部落憑空地招了一回手。

我們一路下山，又一路想著昨晚的最後的大圓舞，有一位山地青年竟像醉了似的指揮著那個大圓舞。較之瑞巖的大圓舞，情緒是更加熱烈得多，而人數也是多得多。一個人被捲入了那個大圓舞，竟像被帶領到深山中，一會兒，又被拖下到大海裏，更一會兒又像被牽引到雲霧間，歌聲，會像山風起，又會像海濤鳴，而到頭來，更會隨雲霧以消逝，又會因雲霧而停留。我由那裏益益明白了純樸，又益益參悟了一種簡單化。

昨晚我們在大圓舞裏像是飛舞著，今晨我們在大山中，更像是飛行著。我們一下子由望洋而下到紅香，又一下子由紅香而回到瑞巖。這時瑞巖的同仁，還正在用著早饍。又是一批山地壯士和山地姑娘們替我們背著行李，同我們時時在懸崖上走，直到薄暮，我們才一起下到了霧社。

我們時常看著山地姑娘，更時常看著山地姑娘像背行李走懸崖時的情態。我想起了法國現代大哲人柏格森氏的一句話。當柏格森年老之際，還常常在巴黎街頭看著一些少女們來回地行走時，人們問他做什麼，他就說他是欣賞著人類的美。那眞是現代可憐的哲人的言辭。要知巴黎街頭，我也是很熟悉的，那裏會有什麼人類的美？而且像柏格森一類的哲人們，又那麼會眞正了解著人類的美？不知人，不知天，不會眞正知道人類的美。不知性，不知命，更不會眞正知道人類的美。我們以前所謂眞正的人類的美，是「絕代有佳人……日暮倚修竹」。而我們目前所不期而遇到的眞正的人類的美，則是「深山有佳麗，薄暮走懸崖」。除了這以前的和我們目前的人類美，你還能到哪裏去找著眞正的人類的美？不錯，倫敦與紐約，好來塢與巴黎，你原也不會找不到所謂人類的美，但那究竟只是「連城盈粉黛，入夜阻街頭」。到頭來，熱鬧極了，也寂寞極了。

像這一種極熱鬧而極寂寞的人類的美，現代青年男女竟還要發狂地追求著。當他們或她們無由去倫敦與紐約的市區和巴黎的街頭以至好來塢的邊緣時，就去在一個銀幕下黑暗中呆呆的坐著。一出了電影院，竟還以爲看到了一些什麼。爲了這樣，我總常常勸青年們看看平劇。我自己也總找機會去看平劇。我在平劇的「鎖麟囊」中，我看到了一種女性的高貴而凄涼的美。我在平劇的「生死恨」中，我看到了一種女性的幽怨而沉摯的美。我在平劇的「青霜劍」中，我看到了一種女性的堅貞而決絕的美。所有這些美，像柏格森一類現代的可憐的哲人們，不僅不會在巴黎的街頭看得見，而且也絕不會在好來塢的心臟裏夢想得到。可是現代時髦的青年們不相信我的話，反而相信了空白的銀幕！因之連平劇裏所表現的高貴而凄涼的美，與夫幽怨而沉摯的美，以及堅貞而決絕的美，都是隔膜得很。這時，我不能進而要求著他們去眞正領悟著「絕代有佳人……日暮倚修行」。我只能退而奉勸著他們去確切了解著「深山有佳麗，薄暮走懸崖」。「禮失求諸野，美失求諸山」，這在目前的時代，會是越來越已顯著了。

由山地姑娘「薄暮走懸崖」的野鹿似的美，到達我們所謂「日暮倚修行」的清麗而幽的美，原本有一個大距離，但這一大距離，只要擺在一種眞正的教化裏，就會一下子縮短了的。要知智慧是東方的，美也是東方的。現在我們所下來的山頭，是望洋的山頭，也正是東方的山頭。我們下到紅香，望了一望望洋，我們下到瑞巖，也望了一望望洋。我們就是下到霧社，我們還望了一望麻栗巴。你麻栗巴的舊的部落又是新的人群啊！

這一次我們在霧社停了一停。我們初初到達霧社時，馬上就走到廬山溫泉。我們由靜觀、平和、廬山一帶回抵霧社時，又馬上向瑞巖而去。我們每天都步行了幾十公里，直到這次望洋下來，我們才停了一停。在我們停下住宿的地方，有一位曾珍妹，也是山地姑娘。她不但能夠說國語，而且還能夠看書，常識也很廣，又溫文多禮。當晚她就做著山地歌舞的教師，教了我的學生們，我的學生們更樂而忘倦。

第二天我們就近調查了霧社的園藝資源，我們看了一看那裏的農事學校，我們又參拜了霧社紀念碑。

那紀念碑是在霧社新建鄉公所後面的運動場之一側。因爲栽植的樹木還沒有長好，儘管地點很好，風光很好，但依然覺得荒涼。照理那裏是一個勝地，不應該顯得荒涼。我們走到紀念碑前，我們都深深的敬了禮。我更四周細細觀看了一下，我覺得在霧社，就應該從那裏起，廣植梅樹，使成梅林。讓這紀念碑矗立在梅林中，更從而讓整個霧社隱現在梅林裏，而不應該老是讓霧社居於櫻花下，而以櫻花得名。從園藝上說，凡櫻花能夠生長的地方，梅樹都生長得很好。櫻花不結果，而梅樹則梅子黃時，盡成金色。對山地同胞說，更是一種極爲有利的園藝生產事業。

從美學上說，梅的枝條，無一不直，而整個樹姿，卻現曲態。那眞是一種絕妙的「直線裏的曲線」之堅貞的美，正和東方特有的竹，在曲線裏處處顯現著直線的挺拔的美，是一個很好的配對。再加上作爲一種永恆的象徵的松，所謂松竹梅三友，那就不能不算是一個泱泱大國的絕好標幟了。爲什麼我們竟忘了我們自己的絕好的標幟呢？到今天，梅花更成了我們的國花。對霧社事變所具備的原有的精神來說，這正是我們的國花眞正地開放著：瀰天的皎潔，淨化了千千萬萬的山頭；滿地的清香，沁透了千千萬萬的骸骨。若猶不知珍惜，而盡是閒著看櫻花，豈不令人懊惱？

那紀念碑後，有一篇碑文，記載著石碑下面所藏白骨，被人發現的經過。據說那被發現的地點，原本在現時警所之旁。光復時，有一位老者掘土，偶然掘得一個骷髏全形，兩腳跪在地上，兩手被縛，處處有鐵釘釘著的痕跡。很明顯的，那是參加霧社事變的山胞們，被捉來釘住，加以活埋著，隨後更大規模地發掘，終於發現了無數同樣的白骨。那眞是慘絕人寰。那時日本人想泯滅著這一切的跡象，所以就是活埋也埋得深深。但他們終於料想不到就是地底下的白骨，也有重見天日之時期。於此而讓那紀念碑的碑前碑後，碑左碑右，盡是梅林，並讓霧社的裏裏外外，遠遠近近，盡是梅林，到年年花開時節，清香籠罩著忠魂，到年年花落時候，素英掩蓋著白骨，這還不應該嗎？

霧社對我們此次山地園藝調查的路線說，一共有五條線，我們都需得由那裏通過去。我們通過了埔里到霧社的一線，又走過了由霧社到春陽、廬山、平和、靜觀的一線，和由霧社到瑞巖、紅香、翠巒、望洋的一線。現在只剩下了兩條線，一條線是由霧社到萬大、松林、曲冰的一線。這一線我們原可以早就由武界圓山而來，但我們只到日月潭蓄水壩而止。又一條線是由霧社到霧社牧場。這是一條很短的線，但由此一直走，則可以一直橫過一些極富於傳奇性質的地點。據說有一個地方，山風不僅可以把你吹得發抖，而且還會把你捲起來，一不小心，便被吹到半空中。又有一個地方，據說完全是住著生番，你到那裏會把你的褲子撕成一條一條的破布。晚上開著舞會，大家敬你的酒，你需得每一杯都要喝光。男男女女盡情地舞，你需得跟上去。當晚你還需得陪伴著她們中的一位，直到天明。所有這些地點，因與園藝無關，我們都不必去了。我們只到牧場有人處爲止。

在霧社牧場，我們也看到了一株蘋果和幾株梨，山枇杷更看到不少。在路途中，我的學生還因採集標本之故，一手誤觸著一種臺灣叫做吃人木的葉子，以致發生奇癢以後還紅腫起來。那牧場目前有不少的牛。在山地，畜牧事業也是可以伴同園藝事業一起發展的。

在去萬大，松林和曲冰的一線，我們花費了一整天。這一天，我們因爲是在仁愛鄉調查的最後一天，大家精神上更是一振，所以雖是跑了很多路，也覺得很輕鬆。我們由霧社出發時，原來病在霧社衛生所的同學已痊癒了一點，但還沒有完全好。這時，他一定要跟我們去萬大一帶從事調查，當即被我罵了一頓，我限定他留在衛生所，不准走。

萬大這一個山地部落距離萬大發電所還有幾里路程。我們先到發電所。那裏的規模，現在已經不小，但仍然在做著新的水壩工程。這一新壩做成了以後，霧社前面環繞著的濁水溪馬上也要漲起來。如此則霧社與萬大發電所之間，便成了一個長長的大湖，其規模比現時的日月潭，還似乎要大一點。這使萬大兩山之間都是水，而霧社紀念碑，也可以有一倒影，深映在霧社前面的深潭中。濁水溪的水在霧社萬大之間停住不流，顏色也就會一下子變成了碧綠。這和千千萬萬的青青的大山頭，相互輝映著，就會形成了一個全異的區域。再加上一大新的梅林，由霧社直到萬大，則花開時節青山綠水之間，全都是皎潔的銀樣的奇景，又全都是清香的冰心似的奇境。原來的櫻花也一併納入在裏面，更由萬大而接松林，水邊仍可種竹，這豈非一大山林設計麼？

萬大部落也頗有一些水田。那裏以前的山地村長，現在開了一個店鋪，又開設了一個碾米工廠，還娶了一位平地女人做太太，這太太很是賢能，把家裏布置得有條有理，而且頗為精緻。院子裏還有一株黎檬樹，我們特地向她要了一個黎檬做標本。另外有一位山胞之家，屋後一株柚子長得很好。我們跑進那山胞家裏遇見了一位老婦人，臉上畫的藍色紋和環山望洋一帶完全一樣，都是泰耶魯族。嚮導把我們的來意向她述說，她即答應贈送兩個柚子給我們，無論如何不肯要我們的錢。她說我們既是為了他們來調查蔬菜和果樹等，怎麼還能要我們的錢，於是我們改送了幾條毛布作為晉見的禮物，她才收下。

萬大的山胞房屋，茅草蓋的很少，沿著一個山坡之左，自上而下排下來。國民學校和衛生所在山坡右邊的上一層。學校教室前面有一叢曼陀羅花，開得正盛，旁邊有一株無患子，結了不少的果實。衛生所的一旁是派出所。由派出所一直下去，有一個小梅林，每年據說可以收穫梅子，售出五千餘元，那梅樹只有百餘株。梅林盡頭像是稻田。其最低處便是濁水溪，溪之另一岸是一峻嶺。濁水溪在那裏似乎流得更加渾濁了，那是因為那一峻嶺常常大泥沙崩下來。在山坡之左，給我們調查到的還有一株像佛手柑而又不像佛手柑的果樹，那是佛手柑的變種。大概萬大一帶，柑橘一類的果樹，也可以栽種。至於梅，那是極適於生長，桃和李在那裏也有不少。長春花則隨處都有，而且開得很好。這使萬大成了一個明麗清新之鄉。

由萬大到松林，需要過一個長吊橋，又需要爬一個高山嶺。我們到了松林看到了不少的李樹和桐樹。還有一株辣椒樹，那是辣椒生長了多年，已長成一株樹的模樣了。松樹只在那部落的最後面有幾株，並未成林。據說那一部落在那山頭，吃水甚感不便，現在請求政府補助，預備把整個村落搬到山下去。山地的村落從這裏整個搬到那裏，並不是一件特殊的事。只要覺得不妥當，就整個搬遷，山地同胞似乎很少猶疑的性格，一般看來，松林是比萬大差多了。萬大有水田，而且還有電燈。這電燈是由萬大發電所的水電而來。只隔了一條濁水溪，兩個部落的境況就不大相了。所以松林這一個部落搬動一下也是很好的。搬了以後，正可廣植著松樹，讓那裏成一個名符其實的松林。

由松林再過去一點是曲冰，我們的另一隊去了曲冰，曲冰的水田很多。在我們所調查的山地部落中，那是最爲富庶的區域中之一個區域。

回到了霧社時，我們深深的鬆了一口氣，因爲我們在仁愛鄉的山地園藝資源調查，已調查完畢。從明天以後，我們就只要調查信義鄉的一個山地鄉了。

我們隨即開了一個檢討會，大家檢討的結果，就跑路方面來說，我和朱黃等先生有的地方勝過同學，但同學方面也不甘示弱的很多，有的還自願自己背著自己的行李隨著山地姑娘們走，而不肯拿給別人背。大家在山地裏，都成了好漢。

我們在仁愛鄉的結束晚會，仁愛鄉鄉長夫婦和農事學校的校長等都參加。這在霧社成了一時的盛事。歌舞是由那曾珍妹領導著，正舞得熱烈時，有一位喝醉了酒的山胞，赤著足，東倒西歪地要參加，鄉長卻把他阻止了。據說這位醉漢在霧社總是有酒就喝，一喝就醉，衣裳穿得爛得很，頭髮蓬蓬然。我們第二天一早在車站乘車下山時又遇到他，於是有一位同學把自己戴的箬笠送給他，接著其他的同學，也都把戴著的箬笠一齊送給他。他拿取了一堆箬笠，微微地笑。

13. 內茅埔之月

我把我們的山地園藝資源調查隊又作了一次整頓，在望洋、瑞巖一帶走得太辛苦了的同學們和一位病了的同學被留下了，有一位先生也留下了。這時我將在環山、佳陽一帶調查了的先生和同學而未能去望洋、瑞巖一帶者，重新要他們和她們一部分人上前線。這重上前線的有兩位男同學，有兩位女同學，又有一位男先生和一位女先生，另外還加入了兩位女同學，幾位男同學，去湊足了二十四人。

我們由水裏坑到龍神橋盡頭，穿過山洞，方算是別了臺灣最長的濁水溪，轉而沿著陳有蘭溪，逆流而上。陳有蘭溪是清的，在龍神橋之下方不遠處，和濁水溪會合著，那眞是涇渭分明。濁水溪盡有一種磅礴之氣，而陳有蘭溪則頗爲明媚。我們經過了又一個山地檢查站以後，就到了內茅埔。現時內茅埔已被稱爲開化。我們在開化住在明德國民學校內。我和三位先生則住在那校長臥室旁的一間空房裏，很是舒適，簡直不知道是置身山地。房門外，正對著陳有蘭溪，只不過我和先生們住的地方仍然是在一個山頭，而陳有蘭溪則流於谷底，高低懸殊，所以望去更遠，但也因此而更感覺到陳有蘭溪的明媚。

內茅埔有一條小街，頗有一些商店。街口是一條大路，這一條大路是在陳有蘭溪和我們住的山頭之間。由此一直向上走，可以走上臺灣最高的玉山上，所以便被稱爲玉山路。我們在所住的房門口，可以俯視陳有蘭溪，也可以俯視玉山路。玉山路與陳有蘭溪之間還有一個大沙洲，據說很可以開闢出好幾公頃的水田。陳有蘭溪上也有一個很長的吊橋，吊橋那一端又是一條小街，頗有幾家商店。這陳有蘭溪上的吊橋兩端，住的都是臺灣平地人，即是閩南人，也有客家人，那是來自廣東的人。因此毫沒有山地部落的景象。但由玉山路再向上走一點路，在路旁的一個大山坡上，就有了一個村落，那完全是山地部落。多是茅蓋的屋頂，形式是一律的，也被排成一排一排的，又被打掃得很清潔。有一股泉水很大，一直從山頭上流下來，穿過著那一村落，使那一村落更爲生動起來。

我和先生們住在校長臥室旁，門前還有一點空地，空地還種了幾株夾竹桃，疏疏朗朗的並不遮蔽我們的視線。我們望到陳有蘭溪，又望到溪旁的大沙洲，更望到溪那一邊的一個大山，峻拔得很。但山頂上依然種植了很多的香蕉，遠望很像青青的草。黃昏來時，大沙洲一片茫茫，大山頂一片蒼蒼，而陳有蘭溪的水，則有如白鍊，並隱約有聲，但其實是風聲，不是溪水。夜來時，新月現於天末，使我一驚。我們在和平鄉的有勝、環山、佳陽、谷關一帶豪雨中度過了半個月。我們又在仁愛鄉的靜觀、平和、翠巒、望洋一帶大山頭奔跑了十二天。當時在和平鄉本應有月亮，但天天下雨看不到月亮。而在仁愛鄉則又天天放晴，本可看到月亮，但又沒有月亮。加之山行像是到了異域，爬山爬了這麼久，又是生平第一次。念一己的過往，養尊處優，在法國居住在世界規模最大而又最爲富麗堂皇的凡爾賽皇宮之右，我和太太帶兩個孩子每每晴天遊於凡爾賽的名園中，雨天則遊於皇宮裏。在路易十四和拿破崙的另一個特設的花園內，有一個世界最早也最爲有名的園藝學院設在裏面，而我更在那裏學習著栽花種果。我的法國房東戲稱我們在巴黎生的男孩爲王子，而凡爾賽小姐也成了我們在凡爾賽生的女兒之別名。所有這些記憶，也隨新月之現於天末而復現於一己之腦中。

這時，我驚心於新月，更驚心於紅塵，山行踽踽，來了新月，新月皎皎，去吧紅塵！陳有蘭溪的溪水，不斷的流，大沙洲的顏色，又漸漸的白，對面的大青山頂，也滿是銀輝。我在一種清光下，又在一種新光下，眞像浸沉在一種奇異的弱水中，渾身感覺到一種清涼，又感覺到一種清新。而這清涼之感與清新之感，又轉而隨陳有蘭溪的溪水而流，隨大沙洲的顏色而變，隨對面的大青山頭的銀輝而瀰漫著天宇。到這時候，山中和塵世，眞成了兩個樣子。而舊曆八月上旬末的山中，和因戰雲籠罩而整個破裂著的塵世，更成了兩個樣子。於是乎我到了這一個世界，就眞的像把另一個世界丟掉了。

只不過丟掉了另一個世界，究竟是丟掉不了而且忘掉不了另一個世界裏的人們。在月光下，在空山中，竟像滿是人影，這更使我驚心。我驚心著世人們的憧憧來往，我驚心著世人們的日夜皆有所思。但是世人們在想的什麼呢？這就無法再問。世界是如此擾攘，而世人們卻總是希望著跳動；世界是如此不寧，而世人們還老是要求著刺激，於是此亦一跳動，彼亦一跳動，在歌舞場中，就更由狐步舞到了芭蕾舞。於是此亦一刺激，彼亦一刺激，在酒吧間裏，就更用醇酒、婦人到了氫氣彈。大家搞得是數字，想的是物資，但數字是什麼呢？物資又是什麼呢？世人們全不明白。世人們不明白任何龐大的數字，只有一個「一」，而其他的只是「零」，無數的零，前面加上一個「一」，才成了一個無窮的數。世人們不明白任何龐大的物資，只有一點「資」，而其他的只是虛。不盡的虛，裏面藏著一點實，就成了一個不磨的物。世人們全不知道「天下何思何慮」，這便一轉而讓「思慮」壓壞了世人，又壓壞了天下。世人們全不知道「天下之爲神器」，這便一轉而讓「神器」拖累了生命，更拖累了生民。終於不到深淵，不能跳出。而對世人們也就更是把他們難以丟了，更是把他們難以忘掉。

我眞不知道我在內茅埔的月下之思，會是這樣，久久在山中行，竟久久沒有興起山中想，這時我好容易獲得了一個靜靜的想著的時會，但不久我的同伴已夜遊歸來了。

第二天我們調查了三十甲和十甲這兩個地方的果蔬。晚上又回到了原處，我又看到了昨夜的天邊的月。

我越是像丟了一世界，我越是想到世人們。但當我一轉而又感覺得一己苦苦地想著世人們也是多餘的以後，我就只是想著我那遠在天邊的老母了。

老父親竟已逝世了幾年。幾年之後，我才知道老父親眞的逝世。亡姊的消息也直到最近才知道。老母親現在是一人在家了。

老父親被我的老祖父趕了出來。老父親一小就漂泊著。他那漂泊的生涯，使他在他的親友做了都督時，堅決地不肯隨人跳入宦海。他原是一個老同盟會會員，他可以過著革命的生涯，但他卻總似無意於塵世。他總是罵人，他罵他那做了總司令的學生，說他不該坐轎，以致一人妨害了兩人的生產。我更是被他罵了無數年，總是不改。而他自己也就一下子到了七十五歲，一下子長辭了人間。老母親在他罵我的時候，總是維護我，因此二老晚年也就失和了。

亡姊一生眞是老實得很，也是苦得很。姊夫死了，她撫育三個男孩。可是有一次，幾天之內，連喪二子，這使她的身體，還遠不如老母親。老母親十分垂憐她，不料她竟先逝了。

老母親不肯隨我們出來，她堅強得很，她說她念佛的人，怕什麼？

老母親不肯隨我們出來，她慈祥得很，她說只要一批孩子們長大，就得了！

我知道天邊的月，就是家鄉的月。我知道家鄉的月，就是今夜的月。但今夜的月，是如此分明，而家鄉的月，卻是那麼淒楚，以至天邊的月逐漸西沉了。這次我在山中行走時，每逢兩腳酸痛，我總是念著母親，於是我憑添了一番精力，又健步如飛，這誠如希臘神話中的開耳古力，倒在地上，就獲得了新的力量，於是又可以繼續搏鬥著。我在人世搏鬥了數十年，我在山中爬了數十日，人們都不知道我是憑了何方，得了何術？其實我是軟弱極了，我是庸愚極了。只因爲軟弱，所以我白天雖可以憑念母而生精力，但一到夜間，尤其是月明之夜，更特別是在山中，一念慈母，就淚眼模糊了。只因爲庸愚，所以我白天雖可以因孩子們的教養而勉赴事功，但一到夜間，尤其是月明之夜，更特別是在山中，一念老母，就哀痛欲絕了。此次山中多日之行，行經吊橋多處，每每越是危橋，我越會在橋上，中途停住，以俯視著橋下面的萬丈深谷。學生們總以爲我很安閒，其實我只是在那裏幻想著想見一見高堂的老母，因此，我便像過橋得了道。而我對學生也就誇說著我是得了道。我以十分軟弱而念母，獲得了精力。我又以萬分庸愚而念母，像是獲得了道。於是我更從而想起了無窮之所以能將無數的零，加上一個「一」而獲得。又從而想起了不磨之物，只因懷藏一點「實」，就可以憑「虛」而成。這「一」會就是一念，這「實」，會就是實心。除了這些，一切都會是外在的，一切都會是零，一切都會是虛。

當我對著內茅埔的天邊的月，而到淚眼模糊、哀痛欲絕時，我的同伴們又夜遊歸來了。

第三天我們調查了豐丘和木瓜坑，這時，天忽下著雨，夜來已不復有明月了。豐丘是一個好地方。在半山腰有一塊大平地，像是平台。豐丘是在那平台上。有一株很好的甜橙，被我們發現了。我們還看那裏有些很好的矮性美人蕉和一些大理菊。大瓜坑不像豐丘，豐丘全部是山地部落，而木瓜坑則居住的多是平地人，而且主要的生產是香蕉，坡度很大，地位也很高。我們爬山爬得很吃力，頗流了一些汗。

第四天我們調查了烏松崙和風櫃斗。嚮導帶我們又過了那一個很長的橋，跑到了陳有蘭溪的那一邊，爬著坡度很大的山嶺。先到了烏松崙，上面還有一點水田，風光頗不壞。又爬到了風櫃斗，風光似乎更好，有一棵長得很好的蓮霧，又有一株佛手柑，還有幾株好柚子，我們都把它照了相片。那主人家還有一個魚池，魚也很大，他們的生活，亦盡有他們的生活之樂。

這一天又天晴了，晚上依然是明月。當我們去烏松崙和風櫃斗時，我曾和幾位男同學和兩位臺灣女生由幾座柳杉林裏穿進穿出，又曾在陳有蘭溪另一邊之沙灘下行走。於是這時候我又設想著一種柳杉林裏的月和陳有蘭溪另一邊之沙灘上的月。好像日本有一個故事，說是一個樵夫在杉林裏成了山神，樵夫的太太在那裏不斷地呼嚷。好像英國有一個童話，說是一位鮫人在海邊沙灘上如何如何。這使我也好像在那柳杉林裏遇到了山神的妻，又像在那邊沙灘下分明看見了鮫人的影。

信義鄉的鄉長是羅娜村的山胞。晚上來到我的一部分學生們的住處。那是一個招待所，在我住的地方的山坡下。我和他相見了，他正喝了不少的酒。他爲我們唱了一首山地歌，我們也低聲的和著。我曾和他談及臺灣的光復節，他酒醉中以爲我們想開晚會去慶祝，就說他還沒有下徵集令。他很是渾厚，體格極強健，和仁愛鄉的鄉長比起來是屬於另一個型態，而與和平鄉的鄉長也頗不相似。他問我們的調查，滿意不滿意？他竟像是我們的一位很熟悉的老朋友。同時還有幾位信義鄉的人士，特別向我們談了一些由內茅埔進到和社以及由和社進到東埔一帶的情形。說是為了最近的豪雨，以致那一帶也山崩多處，路塌了還不算，山頭上竟時常有沙石滾到路上來，一不小心，就會打破著頭腦，以致喪失了生命。因此他們都主張我們不必冒著生命的危險就進到那去。

鄉長走了，我們又去連夜打聽著道路。這幾天我們都對前面的道路，隨時隨地打聽著，我們在未到信義鄉以前，都以為在和平鄉、仁愛鄉和信義鄉三個山地鄉之中，要以仁愛鄉最難走，和平鄉次之，而信義鄉則最為舒適。因此除了仁愛鄉以外，其他兩鄉，都讓女同學和女先生參加了。現在到了內茅埔，竟發覺了因為本年夏季的豪雨，讓一切成了兩樣。我們之中也頗有一些人主張照原定的日程表，按照預定的調查地點，繼續前進，不顧一切，只是我沒有同意。有兩位新參加的臺灣女同學，我尤其擔心她們走不了。

於是我們又有了一個大問題需要解決了。到明天一天調查了新鄉和羅娜村以後，我們更需得立即解決。

月光下，我們在明德國民學校一個教室前面的平台上開了一個會，我向大家宣布著我個人和黃、朱兩教授切實商量好了的決定，那就是改變路線：後天一早一部分人先去人倫，隨即一同去調查潭南，青雲和雙龍的一線，以後再回到內茅埔，如果那時路修好了，我們就一直去和社、東埔與神木。大家都高興這一決定，大家覺得這麼一來，不僅不致冒生命的危險，而且還可路過日月潭，在潭上度著民國四十四年的中秋節。

我們睡了起來，吃了早飯，帶了便當，就先去羅娜村。今天大家似乎走得更起勁，好像大家腦子裏都有了一個日月潭的中秋。

羅娜村更是山腰上一個大平台，在那裏可以望到豐丘的平台，可是豐丘那裏卻小得多了。兩個平台隔一條陳有蘭溪而斜對著。當由豐丘下面去到羅娜時，又要過一個很長的吊橋。這一個吊橋很不易過，第一是因爲有的地方壞了，第二則因爲沒有欄著的鐵線。我和一部分人從那裏過，可是另一部分人則寧願在橋下面涉水而行。以後回來時，大家都走橋下，我因爲不願涉水，嚮導便背我行。在山地似乎只有新郎背著新娘，要不然，就是背東西如行李等等，我既不是新娘又不是行李，所以當地人就傳說著這一件事。大家覺得是一個美談。事後我也懊悔了。

我們爬上了半山上的一個平地後，就一直走。路的兩旁都是水田，水活活地響，這又使我念著故鄉裏的山歌。走了很久，才到了羅娜村，那眞是一個美麗的山村。那裏有不少的柿樹，正結著金黃色的柿子，也有不少的柚子，還有一株胡桃。長春花隨地開著，又有一些馬利筋，竟被人誤認是一枝黃花。番茄和草棉也有。在那裏發展果樹和蔬菜採種事業，眞是一個好地方。據說在那一個部落裏，不僅房子都蓋得好，而且歌舞也特別有名。那裏的村幹事表示很樂意我們在那裏住一晚，並爲我們開一個晚會，只是這樣一來，便要耽誤了我們預定的行程，所以我們終於在那裏吃了便當後就走了，我們幾乎沒有一個人不留戀著。羅娜村第一個好處是在深山中，那像是世外；第二個好處是懸於半山腰，而又突出，左邊一個山谷，谷中有小溪，溪流急急，右邊又是一個山谷，谷中仍然是水，水聲潺潺，而在前面，則更是一條陳有蘭溪，像是由東埔而下，一瀉無數里。我們從山下循一山徑爬上去，一上到那裏，就忽然開朗，那又像是桃源。第三個好處是一塊大平地，阡陌相連，後面一座大山，林木極爲茂盛，所以很富庶，更像是福地。試想想羅娜村既像是世外桃源，又像是山中福地，這如何能不留戀？

由羅娜到新鄉，需要越過羅娜左側的山谷，再沿一山徑而行。到了那裏，也感覺到一種興奮，那也是一個美妙的山村。在信義鄉一帶，沿陳有蘭溪兩旁，光景都很好。據說這一帶的山胞是屬於卜努族，語言也有異，所以當我們說著「摩呵外衣斯」的時候，他們都不懂，但他們懂國語的人卻極多。他們現在都頗爲富庶了，所以衛生和教育事業，也都頗爲發展了。在山地眞像處處是希望，處處是眞誠，因此，也就像處處是理想，處處是「新鄉」了。

夜來我又面對著內茅埔的月，我像是領悟到一切道德和宗教的根源，又像是領悟到一切歷史和文化的據點。前者是人性裏的「一」，後者是人性裏的「實」。就因爲如此，所以一切道德和宗教便有其「一源」，而所有歷史和文化，也就有其「實據」。明月皎皎，那是清麗極了，眞正的人類的美，會從那裏面來。所以當一對戀人們月下偎倚於崖邊或水邊時，總是陶醉著，那裏面會有詩意，也會有禪意，更一轉而會有著「理」意和宗教之意。只不過「昨夜窗前看明月，曉來不是日頭紅」，慣於行吟於月下的人，會感到一種凄涼；慣於會心於月下的人，也會感到一種凄涼；就是一轉而深思於月下的人，以致深深祈禱於月下的人，仍會感到一種凄涼；就因爲如此，我感到禪宗和理學，讚美詩和基督教，都多少有點凄涼。這必須由「一」落「實」，由「一源」而獲「實據」，方是曉日，方是晨曦。世人們在月下，已是盡美，而讓世界在曉日裏，在晨曦中，則是盡美盡善。因此我更由內茅埔的夜月而思及尼山的朝陽，一個人要是在那裏祈禱著，就更可上聞於天庭了。

14. 潭南之行

我帶著朱教授和幾位善走的男同學一早先去到人倫。那不是陳有蘭溪兩岸的山地村莊，而是靠在濁水溪右岸的山地部落。我們到了龍神洞，過橋到了濁水溪的左岸以後，又右轉循濁水溪逆流而上，再過一個很長的吊橋，到達了濁水溪的右岸。於是又左轉而沿濁水溪的右岸一直爬上去，爬到一個半山腰，那裏有一個大山坡，山坡之上就是人倫。到人倫的路上雖然見到的是濁水溪的兩岸，但是兩岸的風光，不僅不亞於陳有蘭溪上的景色，而且有的地方，更爲動人。

當我們先去人倫調查時，我和黃教授約定著：由他率領女先生、女同學和其他的男先生、男同學緩緩的走，在龍神橋頭等我們由人倫回來會合著。

我們在人倫調查，因爲照相機的許可證過了期，費了一點交涉，我們到那裏以後，對那一個部落的前前後後都調查了一番，有好幾株甜橙長得很好，又有不少的石栗，長得很盛，部落中間有一澗水，淙淙地流著。國民學校的四周都栽植了很茂盛的樹木。村裏面的房屋排列得較爲密集，水田也有不少。整個部落外貌上顯得不很開敞，但這不很開敞處，正表示著人倫有了一個很大的蘊蓄，這蘊蓄是頗爲有意味的。

我們由人倫再回到了龍神橋，於是大家在龍神橋頭會合著。

當我們由龍神橋到達日月潭，更橫渡日月潭，想越過一個峻嶺去潭南那一個部落時，已是傍晚了。於是我們留在日月潭畔的一個番社裏，而住在番社裏一個國民學校的分校中。

那國民學校的分校主任出來招待著我們，他又把他分校裏的一位教員的臥室借給我和兩位先生住。而其他男先生和男同學則住在一個教室裏，同時女先生和女同學又住在另一個教室裏。番社裏的人們雖然每天要看到無數日月潭的遊客，但客人們如此住宿在他們那裏，卻似乎前所未見，所以他們都十分感覺得稀奇。那裏以前的酋長，現被通稱爲毛王爺的一位大山胞，也出來招待我們。而我和兩位先生的住處，也就靠近他的家。於是他家裏的兩位公主，即是他的女兒，也常常和我們見面了。

到臺灣來的人，差不多都要來日月潭，而到日月潭來過了的人，也都稱讚著日月潭，還稱讚著日月潭畔番社裏的公主。我前幾年曾帶一班學生去阿里山實習著觀賞樹木，由埔里經日月潭而去，遂便中遊了一遊。那時我對日月潭還感到一點興趣，此後每來日月潭一次，就越覺得失望一次。本年在出發調查山地園藝資源之前，我還和黃教授帶了一批學生來此，當時曾在日月潭畔的文武廟遇著大風雨，廟裏的人要我題字，我即寫上了「文風武雨中一遊」幾個字，我那時意興更是索然。現時我在山地走了這麼久，我又到過日月潭的水源壩，我更覺日月潭不過是山中的一泓死水，好像從來沒有人把她點醒過。而日月潭畔番社裏的公主，則簡直不能算是山地姑娘，她只能薄暮留在潭畔而與死水爲鄰，她不能薄暮走著懸崖，而爲山川生色。這也好像從來沒有人把她們點醒過，而是否能夠點醒，我也無法知道。

大凡到日月潭來的人，都是夜宿於涵碧樓與龍湖閣一帶，而白日遊著番社文武廟與光華島。這眞正是一批很流俗的遊客。要知日月潭在白天是死的，而在晚上，由涵碧樓和龍湖閣一帶看過去，也是死的。日日月潭不像那日月潭的水源壩。那水源壩在深山中，下面有兩個很大的排水設備，還有一個大水道穿過大山，這使她的生氣蓬勃。可惜一般人們無由看到，所以難以比觀。說日月潭是死的，那只要比較一觀，就會十分明白。要知到過西湖的人，會感覺到西湖的生動。到過太湖的人，更會感覺到太湖的生動，而到過日內瓦湖的人，也會感覺到日內瓦湖的生動。這所以會生動起來，是不會無緣無故的。如有人能從這裏悟入，那也可以明白日月潭只是一泓死水而亟須加以點醒，好讓她活起來的緣由。至於那日月潭畔番社裏的兩位公主，那只要完完全全把那一種山地姑娘的本色恢復過來，那就是醒了過來，也就是生動起來。

我們在毛王爺和兩位公主那裏，卻好碰到了他們族裏的豐年節。當晚他全族的男女老幼都來慶祝著豐年節，張貼在慶祝會旁邊的牆壁上，並且放了一掛爆竹。慶祝會裏的男女老幼，有的化了裝，扮成各種的樣子，古老的和時髦的以至打領帶的都有。大家圍成一個圈，「伊呀伊的」在那裏慢慢的唱又慢慢的行。本來那是一種祭神舞，在深山大壑之間，那是極爲沉重的。他們會像是和神交談著，而讓其一種十分眞摯的聲音，漸漸的滿山滿谷。同時滿山滿谷也像有了回聲。可是現在這祭神舞在日月潭的一泓死水邊舉行著，甚至穿西裝打領帶，弄成怪模怪樣，這簡直成了一種極笨拙而惡俗的遊嬉。流俗的遊客們把日月潭教壞了，而日月潭又把原來是番社裏的山地同胞教壞了，教得一股市儈氣，教得不三不四，而且還教得那裏的山胞，意見分歧。毛王爺是一邊，而反毛王爺的分子正多得很；兩公主是一邊，而反兩公主的分子也多得很。就這樣讓豐年節的慶祝成了一種形式，而祭神舞自然更大大的形式化了。我們在久良栖，在哈崙臺，在佳陽，在梨山，在環山，在靜觀，在平和，在廬山，在春陽，在瑞巖，在紅香，在翠巒，在望洋以及信義鄉一帶，眼看到山地同胞們正由舊日的不可一世而又日暮途窮裏而再度興盛起來。但一到了這在以往是山地、而在今日頓成了小市場的番社裏，看看他們形式化的祭神舞，我們就預感到這一部分的山胞是要從此墮下去，是要從此煩惱了。

我中夜醒來，我還聽到這一部分的山胞在我窗下走過去，一路更「拙呀拙呀」的載歌載舞，據說有時他們要歌舞通宵。我於是更苦苦地想著古往今來一個地方的墮落的根由。要知無本無根的人是無福的，而忘本忘根的人更是有禍了。日月潭畔的山胞們果眞要自拔，第一是要團結，第二是仍然要務農爲本，第三是虔誠地祭著神，更祭著祖。如若更願進而救人，那就要再去眞正地接受著一個大的教化，一個眞的教化。

一早我們爬到日月潭畔的一個最高的山頭上，那像是西湖的北高峰。西湖的美的焦點是在北高峰，由靈隱寺步步上去，就步步是風光，一上到峰頂，就攬盡了西湖的全勝。所以凡是去西湖的人，沒有不去靈隱，而到了靈隱，也總想再上去。現在我們因需去潭南這一個山地部落而爬登的峻嶺，加以林木翳然，那就不僅讓日月潭的美的焦點落在那裏，而且在那裏回頭一看，還頓然看到日月潭活了起來。在那裏可以遠遠看到龍湖閣，在那裏可以遠遠看到涵碧樓，在那裏也可以隱約看到一個光華島，在那裏更可以清楚看到整個日月潭。山光映在潭面上，而晨光更映在潭心中，就這樣把日月潭加以點醒著，而日月潭也就一下子活了起來。可是，在日月潭年年不盡的遊客中，你不妨試問著：可有誰曾經爬上那個山頭，又可有誰願意爬登那個峻嶺呢？說也奇怪，你可能不會發現一個。這原因也並不能歸咎於人們就眞的不樂意去看那活的日月潭，而只是由於人們的心，目前都現代化，一現代化就急促，一急促就煩忙，一煩忙就講速率。於是你說「死水不藏龍」，而他們卻偏偏要在日月潭的死水裏坐起汽船來，覺得人家慢慢地遊是大落後。至於爬山越嶺地遊，想活看著一切，那就更原始了。

他們全不知道他們的所謂現代化，只是一股流俗化。他們的所謂「講速率」，只是一種「短命相」。慣於在連城粉黛阻塞著的街頭去馳驅的人們，一到了湖山勝地，總是急急而回的。他們一生講究著享受，但其實是福薄極了。他們像是很風雅地拿著手杖，背著照相機，甚至還攜帶著一些珍貴的食品，來到日月潭，他們除了由汽車下來走幾步馬路以外，他們能遊什麼？他們除了由汽船窗口看一看死水以外，他們能見什麼？他們把自己食後的菓皮物屑等等沾污著湖山，反而得意洋洋地時時高唱著一些流行歌曲，除此之外，他們能做什麼？其實，這些人們都是可憐蟲！足不能行，眼不能見，身手一無作爲，而只是口裏說著一些不關痛癢的話，像是蟲鳴。可憐日月潭的死水不藏龍，卻時時招來了一批一批的俗客。

我這樣無端的在那日月潭畔的峻嶺上，呆呆的興起了一時實在無法說得盡的悲感，轉而把頓然見到的、活的日月潭的愉快的心情沖散了，於是我們就一直下到日月潭的那邊去。

我們在曠野裏高掛著國旗的一個檢查站，辦了入山手續，就進入了叫到潭南的一個村落，那是在日月潭之南，所以得名。

潭南的氣象和日月潭的景象，完全不同。日月潭畔番社裏的山胞是居住在死水邊，而潭南的山地部落，則是高高居住在一個大山坡上。一排排的房屋從山嶺上一直排下來，而一股一股的泉水也從山嶺上一直流下來，其勢極盛，其聲極清。屋前後打掃得沒有一點渣滓，泉底下洗刷得沒有一點泥沙。我眞奇怪那一高高的峻嶺，竟一下子阻止了那一邊的一批批的「蟲子」飛來。這裏一排一排的茅屋下面還有一批水田。這裏一股一股的泉水盡頭，又有一條溪水，那是從北而南，那是發源於那一高高的峻嶺。

善於遊西湖的人們，會不僅僅遊一下西湖，最低限度，也需得去靈隱，去北高峰。但更善於遊西湖的人們，除此之外，那還要去龍井，去天竺，去九溪十八澗。而潭南則既像是日月潭的龍井，又像是日月潭的天竺，更像是日月潭的九溪十八澗。在那裏一遇到人，你就會款款而談，你絕不會默默而過。在那裏你也許會遇到「你說他不說」或是

「他說你不會說」的場合，但如此一來，你就正像是在西湖天竺一帶遇到了大禪師，那也是你說他不說，或是他說你簡直不知道如何說。那會使你到達另一個境界：你頓然會感覺到那裏的鳥鳴花放，你頓然會感覺到那裏的嶽峙淵停。

由此看來，要日月潭活，就一定要通過那一個嶺。在那嶺頭上應該要有一個好建築。而在番社這一片灘頭，就索性讓一些人去建造一些山莊別墅。但番社裏的山胞還仍然是務農爲本，只不過在那時候要儘量地種花種果，同時也不妨作畫吟詩而已。於是番社裏的山胞興勝起來，而日月潭的潭水也興盛起來。然後再由那裏起，向左右兩方面的山頭展開看。於是你可以在那裏有曲院風荷，你可以在那裏有平湖秋月。於是你也可以在那裏有花港觀魚，你甚至還可以在那裏有新的雷峰夕照。於是唐三藏的聖僧的靈骨，就可以在那裏眞正地點綴著，而一些從四方八面到來的人們，也可以轉而從那裏散到四面八方去，而不斷的說著日月潭，念著日月潭了。有可遊之處，就會有能遊之人，同樣的，有能遊之人，也終會有可遊之處。而且眞正遊人多著的地方，俗客就少；眞正俗客少著的地方，遊人就多。日月潭眞正的生命是在潭南，而潭南那裏，我們根據著我們的園藝調查，我們想：那是大可以設置著一些橘林、梅林和李林，再加上一個桃花塢。

15. 青雲的歌舞

我們由潭南沿著一條溪水，一直順流而下，兩面的大山也一路伴行著，我們原是入山的人，到這時竟像是出山的人。眼見面前逐漸開朗，到了雙峰盡處，卻是一水橫陳，那水又是濁水溪。

我們隨著一條清溪，到了濁水溪的岸邊。更一轉而過一小橋，越過清溪，沿濁水溪逆流而上。左手邊是一個大山峰，自遠遠的地方蜿蜒而至，右手邊則在濁水溪的另一岸，又是一個大山嶺，更是遠自濁水溪的源頭而來。昨日所到達的人倫，好像就在另一山嶺旁，隱約可以望得見，但是遠得很。另外在濁水溪彼岸之一山頭上，則清楚地看到一些人家。那人家高高在上，看濁水溪在下面流，竟全不在眼下。而那山頭之上又是山頭，據說那裏還有一個小小規模的發電廠，是利用水力的，可見在那山頭上的一個山頭，會有另一股溪水倒瀉下來，一直流入人家，又一直流到山下，而混入濁水溪中。那一處山地人家，後來我才知道就是雙龍。

我們在見到雙龍以後，才轉一個彎，在左手旁的一個山坡上見到了青雲。而且知道了青雲就在身畔。當然我們是先到了青雲，然後再由青雲去到雙龍的。

我們上了一個山坡，到達青雲，也是先去到派出所。有一位王巡佐是廣東人，由於我能說廣州話，所以對我分外親熱。派出所旁是一個國民學校，學校前面有一個大操場。進到派出所的路，有兩行很整齊的行道樹，而大操場的四周，也種植了很蔭涼的樹，看來眞令人舒適。但派出所的後面，有一個招待所。一進去就是一個九重葛做著的籬門，籬門內有桃樹、有櫻桃樹又有茶樹和荔枝樹，花也頗有一些，長春花野生在籬邊。院子是那麼雅致，而房子裏更是雅潔，所以看來尤其令人舒適。

我們到達青雲的時候，已是午膳的時候。在午膳時，我們決定有些人繼續前進，調查了雙龍以後，再回到青雲住宿在那招待所裏面，明天繼續調查著青雲。有些人則就此回去，由潭南回到日月潭畔，仍住宿在番社裏，明天則休息一天，坐候著到雙龍去而由青雲回的人們，以便大家在日月潭好好的過一個中秋節。爲了這樣，我便要所有的女先生和女同學都先回去，又要辦理伙食的男同學和另一部分男先生男同學先回去，而由朱教授領著走。其餘的先生和同學則跟著我前進了。

我們吃了午膳，在招待所裏休息了一會。朱教授警覺得很，他說所有回去的人，馬上要走，女的在前，男的在後。他是深深的知道回去又要爬山，女的若走在後面，就怕趕不上了。王巡佐對我和一部分的師生要回到他那招待所住宿一晚，深表歡迎。但是那時候，我想不到他會去籌劃著一個盛大的歡迎晚會，在晚會裏唱演著那樣動人的歌舞。

我領帶著的一批人，在向潭南番社走的一批人走了以後，也立即出發。黃教授這次加入了我的一邊。在望洋時，他一人走了，讓朱教授等跟著我，結果我們大大的歌舞了一陣，而他則深深地懊悔了一番。現在黃教授跟著我，我就戲說道：這次你一定可以大快平生。他後來才知道我的話應驗了。

我們的雙龍隊，先由山坡下去，再左轉向前進，走了一會，下到濁水溪邊。於是又一個很長的濁水溪上的吊橋，來考驗著黃教授。我在大家的眼光中是以善走吊橋而著稱，而他則每逢走吊橋時，就引起大家很注意地看著。他慢慢的走了許久，也算過去了。隨後我們又一直爬上山，爬到一個山頭上，回頭一看，青雲又在眼底了。

雙龍實是在一個山頭的山坡上，那也像是一個大平台。據說那上面已有十五公頃的水田了。其實，自我看來，遠不止十五公頃，裏面還可繼續開闢出一些水田來。我們在那山坡上看看青雲的水田，我們知道青雲的水田固然多，但人家也很多，而雙龍的水田雖然比較少，但人家也少得多，就這樣，讓這兩個山地部落都生活得很自在，不必吃小米，也不必吃地瓜。

雙龍後面的一個大山頭，有一油桐林，據說每年的出產很可觀，就因爲如此，所以在雙龍一帶竟掀起了一種植桐熱，大家都喜歡栽植著油桐。似乎只要過幾年，那一個山頭，就將遍植著油桐樹。

我們進入雙龍境時，首先見到的是一位山地老婦人帶著一位小女孩，坐著道路旁，不斷的看著我們。其次則看見了一個新墳，上面立著個十字架。山地同胞死了，棺材都不要，現在卻插上一個十字架，我知道基督教的傳教士，在那裏影響了生人，也影響了死人了。

當我們再向前行時，我們遇到了兩條分岐的路，我們不能分辨那一條是去派出所的路，於是我們又分成兩路走。我和一些同學是走靠左邊的一條路。走了一會，有一位中年人出來相迎。隨後我知道他是傳教士，國語說的很好。他告訴我向右直行，就可以到達。

兩路行著的我們的一群，差不多是同時到達了雙龍派出所。有一位警員，據說在雙龍服務，已有二十多年。這二十多年的老警員，對地方情形熟得很。據他說：沿濁水溪而上，不遠處有一個大山頭。上到那個大山頭，有一塊大坡地，可以種著二十公頃的果樹。又從雙龍上去，再斜出人倫而左轉，一直爬山上去後，在一個很遠的地方，本有幾株蘋果樹，只是現在已經差不多死光了。

我們還找到一位住在雙龍的副村長談了一談。由雙龍到青雲，再連潭南一帶在一起，都叫做地利村。那是地利村的副村長。正村長是住在潭南，而一位鄉代表則住在青雲。那副村長也告訴了我們很多事。他說他們那裏的水利發電廠是民營的，電力只可以供給雙龍和青雲一帶，規模不大。這使我覺得所謂鄉村電氣化，就是每一個村莊能有一個發電廠。在山地用水力，從而山中有湖，湖上有月，月下有人，人間有電。水電更加水稻，水稻更加花果，人在花果中，更有何求？

雙龍這一個部落的前前後後，我們都走遍了。園藝上的資料，我們也頗獲得了一些。我由於那裏的氣象之佳，頓然玄想著那裏將會有一代人才出現，所謂「江山代有人才出」，在那裏，大山環於後，大溪繞於前，而又是一大平台，挺然而立，這也就盡有江山之勝了。

我們由雙龍而回，已是渡過了那一大吊橋了，一位專管測驗土壤酸度的同學，竟忘了採集雙龍的土壤標本。於是我就限令他明晨要一早再回雙龍，去採雙龍之土。

回到青雲，青雲的國民學校校長洪先生正由他處而歸，要等著和我相見。相見之下，就談起了今天是孔子誕辰，又是教師節。他說他已和王巡佐大家談好了，今晚要趁此教師節的機會，開一舞會，來歡迎我們這批大教授。我說：「我們不是大教授，而你們卻是眞教師，我感謝你們的盛意，我們也預備一些禮物。」

有一位三十幾歲的山地婦人，等我們由雙龍回來的時候，特地送了一些香蕉給我們吃。她送了以後，就走開了，我們沒有見到她。但因爲肚餓，也就把香蕉一下子吃光了。後來我才知道她原是在那招待所裏做女工的，她已有一個孩子，但據說是養子。她因我們的伙夫燒飯燒菜很忙，所以便自動的來幫忙。也因此和我們的伙夫弄熟悉了。晚上我們吃飯時，有兩樣菜燒得並不壞。我一問時，方知就是那位送香蕉的山地婦人幫忙做的。於是我們也就送給她一些東西，以表謝意。

夜來明月當空，洪校長等極爲忙碌地在他那大操場上布置著晚會的會場。會場的一端，放置一排桌椅，排成半圓形。桌上放了一些糖果和水果，那是特別爲了招待我們的。相對的一面是一群山地男女，席地而坐。右邊是一排人，左邊也是一排人。就這樣合成一個大圓圈在露天的月光之下。後天就是中秋，而今天的月亮，也似乎已經是夠圓了。這本可以說是一個月光會。我曾月夜去過法國凡爾賽宮前一個森林裏的月光廳，那是路易十四以及拿破崙在那裏利用月明之夜，開著會議的地方。那也是一個圓形，四周列置著一個一個的大理石的石柱，可是沒有屋頂。那就是怕遮蔽了月亮。月亮照在那裏。只不過森林中，盡是蔭影，蔭影更圍住了月光廳。於是月亮便被限制在月光廳裏，一點也展不開來。這和眼前的月光會，卻好是一個對照。這裏的月亮在深山裏，在大山頭，在溪水邊，在土坪上，又在一個一個的山地裏的眞誠的部落間，那是開展多了，那是豁達多了，那是自在多了。這裏可以月映千川，這裏也可以月覷萬嶺。這裏雖是一月，但無窮無盡的深山大壑總是懷藏不了。

歌舞開始前，洪校長致辭。我則向大家解釋了我們山地園藝調查的目的，又說了一番孔子聖誕和教師節的話。我也不管大家懂不懂，但大家卻拍手了，於是歌舞開始。

我們在瑞巖、在望洋和在霧社所舉行的山地舞，都是在室內。其實山地歌舞不僅室內不相宜，就是廊廟也不相宜。它需要在舞臺上，但這個舞臺絕不是一般的舞臺。那只是一個曠野，一個大地，一個大山頭，或是一個大壑裏。那是不能有前後臺，不能有幕布，不能有遮欄的。在那裏，歌聲不能繞梁，舞影更不必與燈影或燭影相隨，那只需要一些深山大谷裏的回聲，和一些天空裏的雲影，遙遙相對。今天我們第一次參加著室外的山地舞，這也可以說第一次參加了一個眞實而更爲有趣的山地舞。

有一位訓練有素的指導者指揮著這一個山地舞，有條有理。只不過山地舞似乎也不適宜於大有條理的。要眞正從一種歌舞裏面表現一種力和一種美，在山地來說，那是只要聽其流露著，就是訓練也是不需要的。但一切進行得好，還是要歸功於那位指導者和洪校長、王巡佐等。洪校長自己還高歌了一曲，他原來也是歌唱的能手。有好幾種歌，有好幾種舞，聽來看來都極清新。山胞眞是歌舞的天才。那位送香蕉給我們的山地女工，也參加了歌舞。山地的男女們一下了山，一出了廚房，就是一個歌舞手。他們工作加上歌舞，山加上水，嘻嘻哈哈地又加上眞誠，一種力再加上一種美，而且一種幻想更加上一種簡單化。大家常常會以爲他們天眞，像不懂什麼，其實他們懂得一切，而且在那一種山地的歌舞裏，還表達了一切。最後一個大圓舞，跳到將末了時，那一指揮者領頭，由一個大圓圈，一下子捲成一團，旋又散開了。我在其中，像被一陣旋風捲起，又像被一陣狂風吹散。

16. 到了和社

在青雲的歌舞以後，我們和黃教授都果然大快平生。晚上睡得遲遲，可是第二天卻起得早早。我們還要調查青雲，一位同學還要去雙龍再回來，隨後再一起返回番社裏。

青雲的部落裏有兩股泉水在石澗裏流，一股在青雲的上端橫流著，而另股則直流而下，穿過部落。長春花在石澗旁，更顯得好看。油桐果樹很多，而番茄苦瓜也有。另外我們還看到一株香椿，我們曾直覺著雙龍會出著一代人才。我們這時看見青雲的一批孩子，又直覺著這裏會將有一些風雲人物。好的地方，總常常是會使人想起一些大人物的。

我們將要離開青雲時，那位幫忙我們燒飯做菜的女山胞，向我們表示願意隨我們到平地去做女工。這事我特地和青雲警所商談著。我答覆她：只要獲得了她丈夫的許可和警所的證明，就可以按照我所開的地址下山去。

我們再一路爬山，爬到了日月潭畔的峻嶺。在那一山頭上，我先回頭望潭南一帶一看，我直覺得潭南、青雲、雙龍這些地方，會是靈氣所鍾。我直覺得潭南、青雲、雙龍這些地方，會是一個新天地。我再在那山頭望一望日月潭，只要配合著那一個新天地，在晨光裏，日月潭會活了起來；在黃昏裏，日月潭也一樣會活了起來。那時候，薄暮來臨，我們竟在那裏遇見了地利村的村長。他住在潭南。他說潭南在明天中秋節裏會有一個大舞會，會勝過青雲。他和毛王爺完全是兩個型態。他樸實無華，精明強幹，而又平易得很。我特別請他和我們照了一張相片以後，就彼此分向潭南潭北，各各下著大山坡了。

我們在峻嶺之下，會合了昨日由潭南歸來的同仁和同學。我們把村長的話告訴了大家，有的人竟想去潭南過中秋。其實這是不可能的，因為中秋的第二日，一早就要出發到和社去。那是一個長的路途，去潭南的人無法趕回來。

兩位臺灣籍的女同學幫忙伙夫，做了一頓很好的晚餐。大家晚餐以後就僱了兩條遊艇，分別在月夜裏，向光華島而去。旋又登上了涵碧樓，更走到了汽車站，訂做了一些月餅而回。

日月潭上月夜的一個來回，大家會感覺到什麼呢？大家會獲得些什麼呢？

月明如水，水波不興，潭面會像一個玻璃面。一切是平平的，一切是滑滑的，大家簡直是在那一大平面上，滑來滑去。如此一來，潭面正像世面。我們在生活其中的一個世界，其面貌也正是一大平面。一切的意義和價值，竟都在那裏樹立不起來。於是所謂人，也總是立不起來。只因爲立不起來，所以就滑下去。今天我們看到的中外人士，不是流俗之輩，就是流滑的人，這實是有一大根由，而不能只是責備。這使我深深想起著「立於禮」、「成於樂」之聖人之言。這更使我深深想起著一個新的時代，總需得有一個新的禮樂，方能有所樹立，有所成就。但這又談何容易？「善人爲邦百年，亦可以勝殘去殺」，勝殘去殺都如此艱難，更何況新的禮樂？「如有王者，必世而後仁」，苟非其人，而妄談禮樂，這必然是狂妄之世！

這時候，第一步還是需得人們從一大平面上，在滑倒跌落之後興起來。而要興，就需得「興於詩」。一些哲學上的唯物主義且莫談，就是杜威羅素之輩，也不會眞正對大時代有什麼好處。一些文學上的普羅文學且莫說，就是羅曼羅蘭和蕭伯納等，也不會眞正對新人類有什麼貢獻。認眞衡量，那還會是一批哲學上的俗人和文學上的小子！要知目前是沒有詩的時代，因此你也就莫想更有哲學和文學了。所以你要「興於詩」，你還需從上幾代或上幾十代去尋找你酷愛的詩人。像杜甫、杜牧之，像拜倫、雪萊，像但丁，像雨果，像歌德，以至惠特曼，像普希金，你都不妨去選擇。你選定了以後，帶一些浪漫蒂克的氣氛是許可的，具備一些理想主義的精神，更是可嘉的。什麼經驗主義，什麼寫實主義，這都可以使你興不起來。現在我們是要第一步興起來，第二步立起來！月明如水，水波不興，我在日月潭，就簡直是受罪。於是我胡亂地寫下了如下的一首詩：

日月潭中月似水，
山川如畫又如泣，
月在潭中水在天。
日月光華月一島，
水天一色有雙船，
雙船不載人歸去，
潭上爭如海上眠？
南海鮫人北海怪，
西海麗人東海仙；
聖人不識已來否？

但識聖人生我前。
往事有如潭內水，
凝然不動忽生煙，
煙雲不礙潭中月。
水死潭中已寂然。
千古心情千古事，
一時事賴一時賢，
分明萬象森然有，
有物仍留天地先。
歌中有歌舞中舞，
樓外有樓弦外弦，
日月潭中留日月，
中秋月本在家園，
如何潭上中秋月，
總是看來似昔年？

人在山川草木裏，
中秋月更在天邊！

第二天大家眞的到了中秋。我們就近調查了番社的花蔬和果木，隨後大家又爭去遊著船。我堅決不願乘船，我就一個人先向番社的左邊而走。走到不能再走的地方回了頭，轉而在一山胞之家門前立著和一位正在補著船的山胞閒談著。他可以懂一點國語。那裏仍然是日月潭畔，但從那裏看日月潭，因爲有左邊的一大山林做了一個烘托，所以遠勝過從涵碧樓頭望潭心。我這樣獨自行走，到吃飯時才回到了原處。不久，因爲是中秋，番社裏的遊客愈來愈擁擠。他們有的湊了一筆錢，特地請番社裏的一部分男女，在一間房子裏的土台上跳著山地舞。那就是在我住的房間附近。我順便去看了一看，簡直看不下去。同樣的山地舞，我眞不知道爲什麼會一下子變成那麼一個惡作劇。要知無本無根的舞是無趣的，而忘本忘根的舞，更是忘形的。在那一土台上舞著的人們，讓一些人們花錢在土台下看，把一種祖先傳下來的山地舞，作成了生意經，而一如太史公之所說：

「夫用貧求富，農不如工，工不如商，刺繡文不如倚市門……」

一些山胞在那番社的小碼頭小街市中，倚市門，賣紀念品，還感到不足，竟又來了一種生意經。這眞使我設想著：日月潭像個海，而番社碼頭則像個海口，汽艇來了，就像列強的商船來到。於是整個番社起了變動，心裏全是一種商品化的心理。太史公之所謂「本富爲上，末富次之，奸富爲下」，竟一下子被倒了過來，而認爲農不必務，祭可以隨便，而祖宗更不足法。你說他是忘本，他卻自詡是新。這眞是給從四方八面而來到日月潭的人們，提供了一面好鏡子。對他們，我們是只能「善者因之」的。

我繼又向番社的右旁而行。一直走著，走過了一批水田。又一直走，走過了一個小山林。更一直走，就走入了一個大山林。那像是離文武廟已經很不遠了。大山林旁有幾家人，竹籬茅舍。前面又種了一些竹子。竹子前面是一批水田。水田盡頭，就是日月潭畔。潭畔還像養了一些什麼。在那裏看日月潭，日月潭也是生動的。那像是一個山野人家的野水邊。那日月潭在那邊，就是在一種眞正的野氣裏生動起來的，大山林中簡直是沒有路，我只是在那裏面亂竄，所謂山裏面的蛇和獸，我都因爲在山地走慣了，所以全不放在心頭。突然之間，我走出了樹林；又突然之間，我看到一個小艇在日月潭畔。小艇裏只有一個青年，我在樹林裏，就像聞到他的一種叫著「妹妹、妹妹」的聲音。我循聲而出，突然見了他。他也突然之間見了我。

那一帶本沒有一個人，他更料想不到大樹林裏會有人。他滿面淒楚，他立即低頭打槳而遠颺了。那會是一種時代青年的眞正的時代呼聲麼？因爲時代是古怪的，所以時代青年也就古怪了。古怪並不是由於叫著「妹妹」，而是由於那叫聲的浮薄。他頗有一點要自殺的神情。可是這要自殺的神情，都頗爲浮薄。要是不然，他就不必羞慚而去。屈原投江，遇到漁父，對答了一番。他要不是浮薄，在自殺前碰到了我，也正可對答一番。眞懂得生命與愛情的人，絕不會有見不得人的事件，而且必然是敦厚的、沉重的。可是那一青年，似乎只是一味對生命蠢動得可怕和對愛情蠢動得可怕。那像是好得遇到我，否則，說不定他也就像要學學時髦，噗通地跳下去，趁中秋時節，葬身於日月潭中了。當然我疑心他自殺，這會是我的過敏，但浮薄的人，會死得浮薄，則是眞的。

我從大山林裏回到番社，已是黃昏。我們到山地以來，算是在那時吃了一頓最豐盛的晚飯。我們旋又乘船到日月潭中，吃著月餅。不久又看番社裏的中秋晚會。這一天涵碧樓一帶住滿了人，這一晚番社裏也特別來了很多人，還有一些友邦人士。大家圍坐在那國民學校的大操場上看番社的山地舞，那都是我看過的。只是一個大圓舞在友邦人士前似乎舞得更起勁，我只得暗暗叫苦。我眞不料我一己竟在那裏過了一個那樣索然無味的四十四年的中秋節。

中秋節後，天沒有亮大家就起身，又渡到潭那邊去，搭車一直到了和社。因爲一路搶修好了，所以我們趕了一個很長的路程。只是因為：第一，昨晚都沒有睡得好；第二，大家又多吃了一些東西；第三，車與路都對旅途太過勞頓了的人不合適；所以除了我和少數的師生以外，大家都大大的暈車吐了，吐得車上臭氣不堪。有的吐在臉盆裏，有的就吐在別人的背上，能夠吐在窗口外的，那是吐得最輕微的人們。

到了和社，我把大家安頓在臺灣大學和社營林區的招待所內，有的倒在榻榻米上就睡了。我因為要和警所接頭，就一個人在和社到處尋找著，找不著，又一直從和社的國民學校右側爬上一個大山坡。那上山的路，修理得很好，兩邊都種植了相思樹，而且已經長得很高了。大山坡之上又是一個山胞部落，我在那部落裏走來走去，問警所，沒有人懂。但終於被我找到了。我在那裏辦了登記的手續，又和東埔通了電話，知道那裏可以住宿一部分人。到這時我才知道警所的所在地是叫做望鄉，並不是和社。

我一個人由和社到望鄉去，又從望鄉回到和社來，我竟還不怎樣感到疲倦。自從到了山地以來，我眞像是慢慢的堅強了。和社有一條小街，人家很不少，都是平地人。有一個理髮店，我們中間很有一些人趁機在那裏理了髮。還有一個和社橋，在陳有蘭溪的支流即和社溪上，風光極好。這一日，我們一早別了日月潭裏面濁水溪的水，傍晚時，又有的人在陳有蘭溪的支流裏洗了身。

17. 東埔的晚會

我在和社的第二天，又和大家去到了望鄉，在那裏從事山地園藝資源的調查。望鄉這一部落的出產，幾乎是以蓖麻爲主，油桐也很多，還有水田，因此甚爲殷實，部落中間也有澗水流著。澗水旁栽植了很多的海水仙。橙和柚在屋前屋後也常有種植的。從那裏望去，正望到對面的巒大山。此次巒大山林場的李場長也和八仙山林場的鍾場長一樣，很幫了我們的忙。這對苦苦行走在山地裏的人們，眞是感激不盡。

到望鄉以後，向右邊看，可以看到和社，這時和社竟像是在一個山谷裏。左邊遠遠的一個山頭是一個叫做久美的山地部落。望鄉與久美之間，又是一個大山谷。說到前面的巒大山，則巒大山最近的一個山峰下，就是陳有蘭溪。因此，望鄉這一個地方是一個大山坡，又是一個大平臺，後面一個大山巍巍然，這讓望鄉的形勢，也顯得很好。

我們調查了望鄉，還需得調查久美，又需得返回調查和社，以便明天一早趕去東埔。爲了免得回來太晚，路上不好走，我們就約略地看了一下望鄉，而先去久美，打算久美回來，再詳細調查望鄉。於是我們在望鄉停了一會，把攜帶的東西，一部分也放在望鄉，就輕裝而去久美。到了谷邊，原來的一個長吊橋壞了不能走，便又下到谷底，過了一個小溪上的木橋，再爬上來，上直爬到另一個山頭，才算是到了久美，久美之旁有一塊山地，長的盡是百日草。久美之內，林木不少，裏面很有一些油桐，也很有一些果樹。久美的另一側，隔著一個大山谷，有一個山頭上的大平臺，那就是我們上次曾經到過的羅娜村，高高在久美後面的也是一座大山，而與久美正面對著面的又是巒大山。

大體看來，久美和望鄉的形勢，很是相似。那也是一個大山坡，那也是一個山坡上的大平台。陳有蘭溪橫於前，兩大山谷裏的澗水在兩側，如果洪水眞的漲上來，那成了半個島。久美和望鄉的差異是水田更多，油桐更多，蓖麻更多，果樹更多，而且久美背後的大山嶺，據說最近還栽植了烏梅一萬株。望鄉的形勢已不壞，而久美的氣象卻似更佳。我們在那裏的一間茅屋頂，還發現了一叢石槲蘭。我們弄了一些帶著走，路上碰到一位山胞，他還對我們說他可以爲我們採集一大批。大家都知道石槲蘭在平地是很名貴的。我們又在那裏找到了一株胭脂樹，我們還在那樹上採了一些胭脂果。另外有一株樹，葉子很香，很像肉桂，後來我們方知那是肉桂的一種。美人蕉在田野間開著美麗的花朵。有一株老榕樹，久美裏的人們正供奉著，點了香火，那是在那裏被當成了神木。我們由久美再回到望鄉，我們更覺得望鄉望來眞美妙，只是在望鄉裏，究竟能望得多遠呢？我眞不知道那裏爲什麼會叫望鄉？

望鄉是望到家鄉，這對異地來的人，眞是一個至爲誘惑的名字。我的家鄉也是四面山，三面水，但不是山上的一個大平台，而是山中的一塊大平地，也可以說是一個大平原。在那裏有一個山嶺，盡是松林，那裏的松風是這裏所沒有的，自然也不能吹到這裏來。兩地隔著無數的山，隔著無數的水，又隔著一個天空，一個海，那實在不是僅僅隔著一個陳有蘭溪。

由久美回到望鄉以後，我們在望鄉又調查了一些時候，望鄉和久美的山胞們，我們雖然沒有見到許多，但就已見到的看來，竟個個都是結實的，都是秀氣的。我們在久美的時候，大家又都想起了羅娜，有的人還想就由久美再回到羅娜去，我當然沒有允許。其實羅娜是一個不易忘了的地方，誰也得承認著，至於我，羅娜固然忘不了，新鄉也忘不了，久美也會忘不了，望鄉更一樣會忘不了。還有潭南，還有青雲，還有雙龍，還有信義鄉其他的地方。而和平與仁愛兩個山地鄉的每一個山地部落，我們又如何能夠忘得了？家鄉如今是忘不了，異鄉如今也是忘不了。

在和社，我們走到和社橋，又走到了神木的路上。能夠引起我們注意的是一些馬鈴薯，不消說，蓖麻的種植，在那裏也是很盛的。

晚上，我們在和社臺大營林區招待所又過了一個中秋，這是因爲據氣象上的報導，此次月亮，要到陰曆八月十七夜才十分圓。我藉此請了營林區裏的同仁吃著茶點，作爲答謝他們招待我們住宿的盛意。

在內茅埔的時候，原以爲到和社來是極端艱苦的，可是等我們改變了一個路線，先調查了潭南、青雲、雙龍等地以後，路被搶修好了，車也通了，我們卻十分容易的到了和社。在內茅埔的時候，更以爲由和社到東埔去，有冒生命的危險，可是改變了路線以後，再由和社去到那裏，我們不僅沒有冒什麼生命的危險，而且沒遇到一點困難。同時所要走的路，因爲不需要再爲了山崩而繞過一個山頭，所以也就縮短了不少。我們這一次在信義鄉的調查，眞是一路順利得很。於是到東埔去，我們也終於順利地到達了。

首先我們過了和社橋，在過和社橋這一長而寬大的吊橋時，我們不期而遇到了東埔派出所的警員。他一看到我們的模樣，就知道我們是去東埔的園藝調查隊。他首先告訴我們：到東埔的路現在是很好走，不像以前了。他說他馬上就要回東埔。又說：前面山崩處有一條分歧路，我們不可走上面繞過一個大山頭的路，而需要下到溪邊，過一個木橋後，再過一個木橋，爬上一條大路去。我們完全依照他的話走。

我們走到分歧處，又碰到一批從東埔下來的山地同胞，而且還碰到一位山地老婦帶一個女孩在那裏休息。她們也是去東埔的，於是她們和我們一塊走。走到溪邊，溪水在石上衝擊著，像是沸騰，流得異常急。木橋只是一塊臨時架設著的半邊木，我們戰戰兢兢地在那裏走過去，又形成了一個好鏡頭。

過了第一個木橋，在溪那一邊的沙灘上走，面前橫著一個大石頭，像一個小石山，上面還長了一株小樹，看去眞是奇特。我和幾位男生，一位姓許的臺籍女生，又在下面照了一張相。這一個沙灘，眞正是玉山底下的沙灘，溪水也正是從玉山一直流下來的，而那一個小石山，在沙灘上突起，也正如玉山在寶島之上突起一樣，自不妨說是小玉山。

在玉山下面的沙灘上行走了很久，又再走到了一個木橋邊。這一個木橋更不好過，下面的溪流，更是急急，溪聲也頗爲震耳，水花煞是可觀。橋之另一端是個大山坡，坡度極大，有時要用手攀著路旁的石頭或小樹，才能爬得上，女同學們在那裏爬就更吃力了。

爬到大路上。這一到東埔的大路原是在懸崖邊。而我們也正是從一個深深的山谷裡爬上來。以後的路好走了，但也還遇到幾處小斷崖。遠遠望到有人家，以為就是東埔，隨後到了那裏，那只是東埔下面散住著的幾家人。正像是一個前哨。

我們再由那一前哨，曲曲折折地走上一個山頭，路旁很有些樹，路左有一澗水，直流而下。我們越是進去，裏面的人家便越多。我們向右邊看去，我們望到對面的大山，和大山下面的大壑。一條溪水，在大壑中流，上面有一個長吊橋，連結著兩邊的山麓。而我們又正走在一個懸崖邊。

隨後我們左轉再上了一個坡，坡的一側長滿了紅黃草，正開著花。坡上面是一塊空的平地，那是國民學校的操場。山地裏的國民學校前的大操場，每每由山地同胞們舉行著山地舞，所以也可以說是舞地。這舞地的上端是教室和學校的校本部，而靠右的一側，則是派出所。派出所的右上方有兩排日式房屋，那是招待所，也是極為有名的東埔溫泉淋浴場。

我們在那東埔招待所裏休息了一會，又由那裏一直下去。兩旁也是樹，又有一排一排的山地人家，大概有十幾家。隨後又走到一個吊橋邊，這是東埔橋。橋之一端是另一個大山。這和我們初進入東埔在路旁大壑之上所遠遠看到的長吊橋不同，那是通到其他的一個大山的橋。由東埔橋那裏，可以一直上到玉山頂，據說上到那裏已經不需要多少時候了。東埔一帶的大山頭多得很，那都是像供奉著玉山峰。

我在東埔吊橋之上，上下左右都望了一番。天空有不測的高，而谷底也有不測的深。左邊是溪水自玉山峰頂流下來，右邊則眼見溪流百折不回地流到不能再望見的地方去。就這樣，一個人在吊橋上就好像吊在半空中。我這次過的吊橋眞是多，幾乎每一個吊橋都有每一個吊橋的味。這味是一種情味，也是一種格調，又可說是一種性格。而這東埔橋的性格則和玉山一樣，確實是：都具備了一種特殊的性格。

我們到了橋之另一端，再繞著那一大山的山腰而行，就到達了眞正所謂東埔的部落裏。那也可說是東埔山胞的總部。在那裏，水田很多，瓦屋也很多，一排一排的，窗子也大都是玻璃的。窗外布置得令人一看就覺得舒服。四周清潔得很，果蔬花木都不少。我眞想不到玉山那裏有那樣好的山地村，我們走到一個果園裏，我在果園的盡頭，又看見了一個深深的山谷。我一人跑到山谷邊，谷風陣陣吹來，我則時時想起：世界會有多少的好所在，而山也絕不會有窮時，水也絕不會有盡處。只不過因爲人的心思一窮盡，所以一切才完了！我覺得一個人的心思果眞告窮盡，那就只要到東埔來，那裏可以使山不窮，可以使水不盡，自然會使人的心思不窮盡。東埔那時候還稍稍開了一點桃花，這是第二次的桃花，也可以說是東埔的第二春。本來是秋天，但東埔也透露了一點春的消息。上一個月，山地一帶的雨下得太多了。而近一個月來，差不多一點雨也沒有。晴久了，山地的天氣也就暖和多了。眞正要想在東埔尋春的人，在春天，其實是很難尋到的。

當我們回到東埔山莊，就是那一招待所時，我們都一一洗了一個痛快的溫泉浴。入山地以來，這是我們所遇到的第四個溫泉。谷關溫泉的水，清是清的，暖也很暖，但總覺得不柔。廬山溫泉的水，也是又清又暖，但總覺得不嫩。紅香的溫泉，目前還是在曠野裏，熱得很，那好像是一位野女郎。說到目前的東埔溫泉，自我看來，則是既清且溫，既溫且柔，既柔且嫩，而又有點野氣。那水裏面有一些白白的沉澱，像牛乳，有人初初會以爲這又柔又嫩的沉澱，是別人加進去的，其實這是她的本質。要是這些沉澱都能融化在那溫溫的而又清清的水裏面，豈不更妙？只不過如此一來，就看不出她的野氣來了。

傍晚時，和社營林區的曾先生由和社趕來，又帶了一位人，提了一個小箱子來。他是一位大胖子，跑得滿頭大汗。他一見了我，就說：「今晚要開會。」他又說：他帶了一位魔術大師來。原來我們在和社橋遇見的那位東埔警員，姓林，在東埔極熟悉。他一到和社，就去到曾先生那裏吃午飯。曾先生似乎因爲我們昨晚在和社所過的中秋不夠熱鬧，而又在那時和我們有說有笑，很起勁，所以就趁機和林警員商定要在東埔再開一個好晚會，並且特別帶一位魔術大師來。隨後林警員也回來了，他還要請我們吃晚飯，我們謝絕了。於是大家一心準備著開晚會。

爲了要表演魔術，所以山地舞沒有放在那國民學校的大操場。好得東埔山莊的房子很寬大，我們把兩間大房，合併成了一間，也就像一個大會場。

山地同胞看慣了山地舞，很少看到魔術。一聽到有魔術，所以很多山地的男男女女都跑了來，以致我們的會場擁擠得很。

魔術被首先表演著，一套又一套，山胞們個個快樂得很，所以當他們表演歌舞時，她們就像狂歌狂舞了。

我們沒有料到一位年輕的山地鄉代表也雜在人群中。他在一陣歌舞之後，來了一番致辭，他說了以後，我的一位學生給我翻譯著，大意是說：

「東埔的地方很偏僻，難得有歌舞的機會，難得有快樂的機會，更難得有各位先生遠道而來。有人曾經對我們說：『你們住在玉山那裏，你們可也見到平地嗎？』由此大家可以知道我們的見聞少，什麼事也知道得少。我們總不免常常愁悶。今天能有各位先生來，讓我們歌舞，讓我們快樂，我們眞是感謝。只是我們唱得不好，舞得不行，就需要大家原諒了。」

這一番致辭，非常文雅，非常動人。學生對我說：可惜還不能完全譯出來。我在青雲想起了一番風雲人物，我在雙龍想起了一代人才，這時候，我在東埔，我更眞正想起了一代哲人來。人們說：在玉山看不見平地，但在平地正看到玉山。玉山巍巍，高過平地，已是三千多公尺。不見平地，正是無妨。而平地要是看不到玉山，則仰望的又會是什麼？沒有了一種「仰望」，又會是一種什麼人間？要知從玉山一步一步的下到平地，那是容易得很。可是你要從平地一步一步的爬上玉山，那就十分艱難了。要是沒有體力，行嗎？要是沒有耐心，行嗎？而且要是沒有嚮往，要是沒有眞誠，要是沒有擔負，行嗎？山胞們正不必沉悶，人類的心思眼目之所寄，終於會寄在高山上。於是我立即起而致答。我說：是我們應該感謝你們。我又說：我們願意常常來，而且我們簡直願意和你們在一起，生活在一起，快樂在一起，一起歌，一起舞。我末了更說道：你們的歌舞是好歌舞！我願我們的精神永遠在一起。

我的學生，又把我的話譯給山胞全體聽，於是山胞們又來了一個跳舞，接著年輕的鄉代表解釋著那一個舞的意義，他說：

「這是我們祖宗傳下來的飲酒的舞，那不像是哀愁，又不像是快樂，那只是這一個飲著，那一個勸著，這一個勸著，那一個歌著，那一個歌著，這一個舞著，那是說不出什麼意義來的。」

我們看到那一個舞，因爲在望鄉，青雲一帶都沒有看過，所以一看心奇，再看心驚，三看心悲，四看心喜。於是禁不住問那鄉代表，那一個舞是什麼意思，這使鄉代表回答了上面一段話。其實，我們都覺得這一個舞十分有意義，舞的動作，歌的聲調，一會兒低沉極了，又一會兒高昂起來，那又是哀愁，又是快樂，載飲載勸，載歌載舞，會使人眞正看出人類的心，也會使人眞正滴出人類的淚，隨之而有著一種眞正的人類的歡喜。

同學們也應著一些山地姑娘們的請求，唱了一些歌，山胞們聽來了也都喜歡。

又一次有好幾位山地姑娘合跳著舞，突然之間，來了一位年輕人，也是山胞。他扮著丑角，一同跳。於是一方面是美，一方面是笑。大家看得出神，大家又笑得合不攏口來，這一丑角在歌舞的應用，正是一種缺陷的完成和一種缺陷的美。完美的，給她突破去；突破了，又重新給她一個完成。這正是在統一裏求變化，又在變化裏求統一；一度諧和了，又繼續地要求著一度的諧和，就如此形成了一種美的發展。

最後自然又是一個大圓舞。可是這一次的大圓舞，因爲是室內不是室外，所以沒有著青雲的旋風似的捲，而只能有著東埔的花捲似的捲。我們一起被捲入了，曾先生也被捲入。我的兩位臺籍女生很想走出圈外，而曾先生因爲是大胖子，竟被捲得簡直是透不過氣來。就這樣他便形成了這一大圓舞中的另一個丑角，引得大家在散會很久之後，只一想起，就會感覺到那一大圓舞裏的美，又會感覺到那一大圓舞裏的笑。

魔術大師的魔術表演，也使人深深感覺到深山裏不僅有了歌舞，而且又有了魔術。這兩者似乎都是出人意料之外的。魔術師拿著本子，要我們給他題一些字，做個紀念。我題的是：「其術魔歟？其技神乎？」如其在魔的術裏，一轉而眞有著神的技，又一轉而再具備著神的心，這豈非讓世界頓然成了兩樣？有兩位理了髮的男同學，隨後跑來告訴我，那魔術大師就是那和社一家理髮店裏的理髮匠，我眞不料那理髮匠一下子會成了魔術師。

18. 由神木歸來

神木這個地方是一個神木而得名的。

神木、東埔與和社三處的位置，也成了一個三角形。只不過要由東埔去到神木，卻不能像由翠巒到望洋一樣可以一直去。那是因爲中間隔了幾重大山，又隔了幾個大谷，簡直是無法走，要去，還需得先回到和社，過了和社橋，再左轉由和社一直去。

神木是我們此次山地園藝資源調查的最終地點，我們調查了東埔以後，就只剩下了一個神木。

由東埔經和社去神木，在我們的日程表上是預定一天。在這一天裏，因爲神木那裏無法住宿，所以還要趕回和社，再借宿於營林區的招待所。一宿之後，我們就要經由水里坑而回臺中，以結束我們此次一共四十三天之深山大壑裏的跋踄。

這樣一來，神木之行，便成了一個十分遼遠之行了。在此次四十三天山地之行中，這一天所需要跑的路，也就和從佳陽直到谷關差不多，甚至和從望洋直到霧社，也不相上下了。就因爲這樣，當我們把東埔調查完畢時，就有好幾位師生們寧願不參加東埔的晚會而當天趕回和社住宿著，以便第二日去神木來回時，可以少走自東埔到和社的一段路。

我和一大部分的師生在參加了東埔盛大的晚會之後，一覺醒來，就急急出發了。等我們到了和社時，先一日回和社的人們正在準備走，於是大家又會合一路了。

女先生和女同學們究竟不能勉強走，於是我就說：她們不去神木也可以，就在和社整理所採集的各種標本好了。再除去兩位伙夫和一位另有任務的男同學，於是我們去神木的一群，就只有十六位了。

我們十六位去神木的人，一則因爲去神木的路並不難走，二則因爲那是最後的調查，所以大家都走得很快。

陳有蘭溪的支流之上，又有支流。我們在和社橋的一端轉彎，傍著一個大山頭行走，右邊是峻嶺，左邊是一個深谷，谷底下就是那一支流上面的支流，這像是從阿里山下來的。因爲神木這個地方已離阿里山很近，發源於那裏，自然是可能的。谷那一邊的大山，正和谷這一邊的大山平行著。水轉來轉去，兩山也不斷的轉來轉去。我們一路走，自然也有時走到懸崖邊，又有時走到深林裏。

我們曾經經過了兩個大杉林，這大杉林，都是柳杉林。我眞沒有料到，到神木的路，要經過兩個柳杉林。在那兩個柳杉林裏，你眞會有一種清新之感，又會有一種奇麗之感。在那裏，每一株杉木，都是挺然而立，那實在是一種挺拔的清新和一種挺秀的奇麗。

第一個柳彬林，裏面還有一些岩石，又有一股風和一股水。石在一旁，水在一旁，而風則一陣一陣地飄來，又一陣一陣地吹去。風聲在我的身旁，又在我的耳旁。

第二個柳杉林，裏面更有一個人家，又有一個菜圃和一個小池。我走得很快，同來的人都在我的後頭，我很想停下來看一看這人家，看一看這菜圃，又看一看這個小池，但是我終於沒有停下來，我總想快一點到神木。

我前兩年曾經和我的學生們看過神木，那是阿里山的神木，不是這裏的神木。我那時是在那裏作著觀賞樹木的實習，我記得那時有彭先生，有姓吳的男生，又有姓鄧的姓陳的和姓翟的女生們。我們那時候似乎都深深感覺到太平洋裏會有著阿里山，阿里山上會有著神木，神木下面又會有著我們，都會不是一件容易的事。阿里山的姊妹湖和祝山都很好。其神木有三千年，那在我們三代的盛世就生長了。歲月之於我們，和歲月之於那裏的神木，會相差得多麼懸殊？雲飄浮於那一神木的頂端，往事亦復飄浮於我的心上。無窮無盡的終於還不是歲月，而是心思。我對日月潭沒有好感，而對阿里山卻無時無刻不有著奇想，這都是由於神木。這一次我們的山地之行，在和平鄉，我們抵達了宜蘭的邊境，到了新山之頂，又到了大雪山之旁。在仁愛鄉，我們直達中央山脈，又步步踏上了次高山，而且和北合歡山又面面相覷了多時。現時我們從東埔別了玉山，竟又一下子到了阿里山的邊緣了。我因爲想到了那裏的神木，所以更想早早看一看這裏的神木。而愈走近了這裏的神木，也就更加回憶著那裏的神木了。

神木村這一帶住著的人家，分散得很。我們調查著園藝資源，也所獲無多。這時我腦子裏已像不是園藝，而是神木。

我們不斷前行，越過了一條溪水，又回頭走了一點路，便到了神木村的大部分人家所在之區。那裏有一個國民學校，我們就在那裏等候著後面的人們到齊集合著。並且大大的休息了一會。

由神木村到神木的所在地還有不少的路。要爬山，還要涉水。有兩位小學生也要同我們一起到神木去，這兩位小學生的家就住在距離神木不遠的地方。

距神木不遠的一股水一直流入陳有蘭溪的支流的支流裏。水流極急，與亂石相激，水花四濺。我們渡過了水，更進入到深山裏。那一帶的樹林密集著，眞成了一個特異的區域。

就在那一深山裏的深林間，有一個較爲平坦又極爲空曠的山坑。我們突然之間，在山坑中，看到一株又高又大、絕不似凡木的古木。兩小學生於是立即走在我的面前，向我說：

「這就是神木！」

我們不期然而然地向神木行了一個禮，有的師生也同樣行了禮。

神木之前，圍一個木柵，並有一個木門。神木之一側，設置石板蓋成的神龕一所，讓人們供奉著。而神木的身上，還披上了一條紅布，上面寫著某某弟子奉獻的字樣。神木的後面是深深的草，再後面則是深深的樹林。左邊是一座大山，滿是樹木。右邊穿過樹林像是一個大山谷。我在神木的周圍走了一個圈，細細看著主幹，有很多突起和凹入的部分，竟像是好幾株大樹合生而成，並非一個圓形。隨後我又跑到距主幹稍遠之處，再仰望著樹冠，那眞是高極了。浮雲在上面飄來飄去，一時神木竟像在空中走動起來。目前的枝葉，還是很盛，而根部則顯露出不少，有其奇美。

我在神木主幹凹入的一部分，高高的站著，照了一張相。我又要大家圍著神木手牽手照著，但還沒圍著一半。這裏的神木比阿里山的神木似乎還要高大，自然是各有千秋！

阿里山的神木是檜木，這裏的神木是樟木，兩者都極度表現了本身的特有性格。從年齡上說，前者是三千年，而後者則是一千餘年。不過一個是生於三代，一個是生於南北朝。在衰亂之世，能夠成長，又能夠活到千餘年，直到如今更將直到永遠，似乎尤其令人感概多端。

我們這一代人總是看到太陽下去了，月亮又跑上來，有時月亮沒有，就是星也沒有，於是無邊的夜色盡在眼前，竟連一短短的歲月，也會覺得是很長很長的。這較之一下子就是一千餘年的古樟木，又果如何？日月星辰會亮得很，山川草木，又哪裏會是「無知」？青山不老，綠水長存，草會長生，木會長在，這便形成了大山、大川、仙草、神木。就眼前這一神木言，那更會是看到人間，十分清楚；又會是知道人間，十分清楚。而且在知道了南北朝以後，就看到了大唐；在知道了隋唐五代之餘，又看到了大宋，宋高宗還特地問過：「樟公安否？」隨後遼金元被知道得清楚了，更看到了大明。只不過當十分知道了滿清、又清楚知道了今日的大陸以後，又將會看到些什麼呢？同時，我們這一代人的哀愁，這一代人的悲苦，這一代人的焦急等等，都像是振古所未曾有的模樣，就眼前的神木看來，又是否是眞正值得的呢？人類世界，國家民族，歷史文化，山川草木，就如此一路想來，一路想去，想到永恆，想到無限，這對眼前的神木的心，不也就是一樣了嗎？而在另一方面，我們又會是如何渺小，我們又會是如何騃愚？我們夢幻多端，我們總常常是一孔之見，我們實是把一己所經過的憂患誇大得很。就神木言：我們眞是算得什麼？我們短短的年華，我們長長的心事，就神木言：我們眞是算得什麼？我們只有在眼前的神木下俯伏著，我們只有在眼前的神木下痛哭著，我們的心，才似乎有所著落。我們應該頌著：

山是大山，谷是大谷，
草是仙草，木是神木，
水流於川，光凝於目，
有日相照，有雲相逐，
有月如霜，有人似玉，
立天地心，作乾坤軸，
歷史文化，相承相續，
以維國家，以祐民族！

我們離開了神木，再到神木村調查了一番園藝。隨後我們更分兩路走，黃教授帶了一部分人向原路而回，而我則和朱教授等以及一部分學生重新爬上一個大山頭，又再到一個大山谷，不經原路。但過了一個溪水，更爬上一個懸崖，仍然走上了回和社的路。我首先到了和社。第二天我和幾個人再去內茅埔，其他的人則一直去水里坑。傍晚大家在水里坑會合者，彼此都很平安。一宿之後，回到臺中，過了一會，青雲的山地女工也趕來了。這一次的臺灣山地之行，讓我們在山川草木間行了這麼久，我回家時，我的妻立即對我說：「你回來了！」

我也回答道：

「我回來了。」

NOTE

NOTE

NOTE

國家圖書館出版品預行編目資料

臺灣山地紀行 / 程兆熊著. -- 初版. -- 新北市：華夏出版有限公司, 2022.03

面；　　公分. --（程兆熊作品集；01）

ISBN 978-986-0799-88-0（平裝）

1. CST：臺灣遊記　2. CST：登山　3. CST：旅遊文學

733.69　　110022544

程兆熊作品集　001

臺灣山地紀行

著　　作　程兆熊
印　　刷　百通科技股份有限公司
　　　　　電話：02-86926066　傳眞：02-86926016
出　　版　華夏出版有限公司
　　　　　220 新北市板橋區縣民大道 3 段 93 巷 30 弄 25 號 1 樓
　　　　　電話：02-32343788　傳眞：02-22234544
E-mail　pftwsdom@ms7.hinet.net
總 經 銷　貿騰發賣股份有限公司
　　　　　新北市 235 中和區立德街 136 號 6 樓
　　　　　電話：02-82275988　傳眞：02-82275989
　　　　　網址：www.namode.com
版　　次　2022 年 3 月初版一刷
特　　價　新台幣 300 元　（缺頁或破損的書，請寄回更換）

ISBN-13：978-986-0799-88-0
EISBN：9786267134061 (PDF)
《臺灣山地紀行》由程明琤授權華夏出版有限公司出版